Über die Autorin:

Lydia Girndt, geboren 1973, ist Diplom-Psychologin und lebt in der Nähe von Bremen. Sie ist seit mehr als zehn Jahren als Coach und Beraterin für Führungskräfte und ihre Teams tätig. Ihre Leidenschaft ist die Persönlichkeitsentwicklung.

Lydia Girndt

827 Jahre Lebenserfahrung

Worauf es ankommt

Bibliografische Information der Deutschen Nationalbibliothek:
Die Deutsche Nationalbibliothek verzeichnet diese Publikation
in der Deutschen Nationalbibliografie; detaillierte bibliografische Daten sind im Internet über http://dnb.dnb.de abrufbar.

© 2016 Lydia Girndt

Titelbild: **Ilse Girndt, 1933**
Lektorat: **Beate Fischer, mediumText**

Herstellung und Verlag: BoD – Books on Demand, Norderstedt

ISBN: 978-3-741-27560-9

Inhalt

BEREICHERNDE BEGEGNUNGEN 7
ILSE G.: AUF MENSCHEN ZUGEHEN 9
   Frühe Erinnerungen 9
   Der Mann mit den karierten Hosen 12
   Die Erfüllung 13
   Abschied von Herbert 15
   Sonderschule und angebrochene Schokolade ...17
   Zum Glück ein Hund 19
   Unterwegs mit dem Sohn 21
   Worauf es ankommt 22
HANNA S.: WENN ICH HELFEN KANN, ...25
   Aufwachsen in Stedefreund 26
   Knappe Kriegsjahre 28
   Eine überraschende Familiengründung 31
   Ein plötzlicher Schlag 33
   Ein besonderer Reichtum 34
   Worauf es ankommt 36
CHRISTEL B.: DAS LEBEN, EIN ABENTEUER 39
   Start in Hinterpommern 39
   Aufbruch in den Westen 40
   Von Meierstorf bis Hamburg 43
   Endlich ankommen 48
   Folgenreiche Freimarktbesuche 50
   Sich auf das Alter einstellen 53
   Worauf es ankommt 55
EGON W.: ENTSCHEIDEN UND VERTRAUEN ...57
   Geradlinig durchs Finanzamt 57
   Geradlinig durch die Familie 59
   Krieg und Glaube 60
   Worauf es ankommt 61
GÜNTER G.: DEN WILLEN MUSS MAN HABEN 65
   Berlin, Schlesien, Litauen 65
   Nicht von meinem Kirchturm 67
   Bomben auf Berlin 69

    Ich finde den Papa!..71
    Bauingenieurwesen und Schaltpläne.....................................74
    Berufsstationen..76
    Alleinerziehender Vater..78
    Wieder eine richtige Familie...80
    Worauf es ankommt...81
DELA UND FRITZ H.: GEMEINSAM LACHEN 83
    Von Haus zu Haus: Wohnstationen 84
    Familienleben..87
    Dela: „Schrecklicher als Kaffee ohne Milch".....................88
    Fritz: „eine normale Kindheit"..91
    Gemeinsame Werte 93
    Gemeinsam im Bestattungsinstitut 94
    Gute Erinnerungen, wohlsortiert..98
    Worauf es ankommt...100
HANNE R.: GLÜCK GEHABT...103
    Krieg in Hamburg und Bayern..104
    Fuß fassen im Berufs- und Familienleben 106
    Glück gehabt in allen Schwierigkeiten...............................110
    Reiseglück..112
    Gute Freunde und tolle Töchter 114
    Worauf es ankommt...117
MARLIESE B.: CHANCEN ERGREIFEN!.........................119
    Von Warwickshire bis zur Bremer Landesbank 119
    Plötzlich Ehefrau und Mutter...124
    Möglichkeiten nutzen..127
    Worauf es ankommt...130
MARIE D.: NICHT JAMMERN, MACHEN!......................133
    Harte Lehrjahre mit Kühen und Kartoffeln......................133
    Wie entsorgt man Hitler-Bilder?...137
    Schnaps, Kartoffelpuffer und Heiratsmarkt......................140
    Kraft in schwierigen Zeiten..142
    Worauf es ankommt...146
ÄHNLICHKEITEN, BESONDERHEITEN UND
EIN FAZIT..151
DANK...153

BEREICHERNDE BEGEGNUNGEN

„Das Bewusstsein eines erfüllten Lebens und die Erinnerung an viele gute Stunden sind das größte Glück auf Erden." (Francis Bacon)

Was haben lebensbejahende Menschen über 80 in ihrem Leben richtig gemacht? Warum sind sie so zufrieden? Diese Fragen stellte ich mir 2014, als ich las, wie gut es tut, sich an Gutes zu erinnern. Es musste doch möglich sein, aus der Lebenserfahrung über 80-Jähriger zu lernen und ihnen gleichzeitig auch noch etwas Gutes zu tun. Ich wollte es wissen und marschierte mit einem Interviewleitfaden in der Hand zu meiner agilen, lebensfrohen Schwiegermutter. Nach dieser ersten bereichernden Begegnung hat es ein Jahr gedauert, bis ich das Projekt mit voller Kraft angegangen bin.

Ende 2015 habe ich neun weitere lebensbejahende Menschen mit mindestens 80 Jahren Lebenserfahrung gesucht, die mich und die Leser dieses Buches an ihrer Geschichte teilhaben lassen würden. Wie haben sie Schwierigkeiten in ihrem Leben gemeistert, worüber haben sie sich gefreut und welche guten Entscheidungen haben sie getroffen? Bei der Kontaktaufnahme habe ich mich auf die Empfehlungen von Freunden und Bekannten verlassen. Vor Ihnen liegt eine subjektive Auswahl wunderbarer Menschen, die mein Leben mit ihren Haltungen, Einstellungen und Erlebnissen sehr bereichert haben. Vermutlich haben sie alle auch ein paar anstrengende Gewohnheiten, doch die haben mich bei diesem Buch nicht interessiert. Jedem habe ich ein Kapitel gewidmet, bis auf Fritz und Dela H., deren Geschichten untrennbar miteinander verwoben sind.

So unterschiedlich detailreich die Erzählungen waren, so unterschiedlich lang sind auch die einzelnen Kapitel. Doch jedes endet mit der Frage, worauf es im Leben wirklich ankommt und was meine Gesprächspartnerinnen und -partner uns Jüngeren empfehlen möchten. Lassen Sie sich mit hineinnehmen in 827 Jahre Lebenserfahrung. Lesen Sie, was ich daraus gelernt habe, und ziehen Sie Ihre eigenen Schlüsse.

ILSE G.: AUF MENSCHEN ZUGEHEN

„Alles wirkliche Leben ist Begegnung." (Martin Buber)

Es ist ein Montagabend im September 2014, als ich an der Tür zum oberen Stockwerk der Seniorenwohnanlage klingele. Kein Aufzug. Wer oben wohnt, muss noch gut zu Fuß sein. Ilse G. öffnet strahlend ihre Wohnungstür. Mit ihren 1,76 Metern ist sie fast so groß wie ich, und ihren Bewegungen sieht man sofort an, dass Treppen sie nicht schrecken können. Seit ihrer Geburt 1926 lebt meine Schwiegermutter in Bremen Nord, mittlerweile im betreuten Wohnen. Das Interview mit ihr führe ich wenige Wochen nach ihrem 88. Geburtstag.

Als Erstes betreten wir ihre kleine Küche, in der schon das Wasser kocht. Ob ich einen Tee möchte? Aber gerne doch. Mit Porzellankanne, Stövchen und Teegläsern ausgerüstet, nehmen wir am kleinen runden Wohnzimmertisch Platz. Alles in dieser Wohnung ist recht klein. Vom Wohnbereich aus führt ein offener Durchgang in den Schlafbereich und eine Terrassentür auf den liebevoll mit Geranien geschmückten Balkon. Ich weiß, dass sich Ilse an die begrenzte Wohnfläche längst gewöhnt hat. Nur ihr Garten fehlt ihr bis heute.

„Erzähl einfach einmal von Anfang an, was in deinem Leben so passiert ist und was dir wichtig war", bitte ich sie.

Frühe Erinnerungen

Ilses früheste Erinnerung ist nicht fröhlich: Im Flur steht ein kleiner, weißer Sarg, in dem ihre Schwester Herma liegt. Herma war 1929 geboren worden und wurde nur ein Jahr alt.

„Meine Mutter ist mit mir zu Hause geblieben, während sie begraben wurde", berichtet Ilse nüchtern. Ich traue meinen Ohren kaum. Wäre es heute denkbar, dass die Mutter nicht zur Beerdigung ihrer Tochter geht, um bei der anderen Tochter zu bleiben? Heute würde man die Kleine vermutlich mitnehmen oder bei Verwandten oder Freunden lassen. Andererseits konnte Ilse die Nähe ihrer Mutter in dieser verwirrenden Situation sicher gut gebrauchen. Ilse erklärt, dass sie gerne eine Schwester gehabt hätte – und eine weitere feststehende Erinnerung taucht auf: Herma bekommt die Brust und Ilse ist neidisch.

„Aber ich durfte dann auch mal", erinnert sie sich amüsiert.

Ilses Eltern hatten einen Elektroladen mit Werkstatt. Nur die Werkstatt erbrachte einen kleinen Gewinn. Wie knapp das Geld immer war, erzählt Ilse erst auf Nachfrage. Das Thema Geld ist für sie weder tabu noch sonderlich interessant.

Ilses ein Jahr älterer Bruder, mit dem sie heute häufigen und guten Kontakt hat, spielt in den Erzählungen von damals kaum eine Rolle.

Ilse hat die Volksschule bis zur achten Klasse besucht. Dann kam die Handelsschule in Bremen Vegesack und nebenher half sie im Laden. Als ich überlege, wie reif *ich* in der achten Klasse war, werden mir die unterschiedlichen frühen Lebensumstände sehr deutlich. Den Kriegsbeginn erwähnt Ilse nicht.

Erst bei unserem nächsten Treffen sagt sie, sie hätte noch ein paar Dinge vergessen, und beginnt mit dem gefühlten Ende ihrer Jugend: Als sie 13 Jahre alt war, kam die Mutter ins Krankenhaus. Die Oma war ebenfalls krank. Also stellte sich die Frage, wer nun kochen sollte. Es war ein Samstag, an dem es grundsätzlich etwas ganz Einfaches gab. Die Entscheidung lautete: Ilse soll kochen und es soll Schmorkartoffeln geben.

„Im Nachhinein hab' ich gedacht, da war auch meine Jugend zu Ende", sagt Ilse. „Meine Mutter kam aus dem Krankenhaus. Ein paar Wochen später starb meine Oma." Eine Tante aus Berlin kam zu ihnen und alles zusammen war für Ilse ein großer Wendepunkt.

„Da war ja auch Krieg", sagt sie. Und nach einer kurzen Pause: „Ja, ich hör das noch, wie sie im Radio sagen ‚Seit soundso viel Uhr wird zurückgeschossen'". Dabei sagt sie ‚zurückgeschossen' mit einer solchen Aggression und Schärfe, dass ich kurz innerlich zusammenzucke.

„Dieses ‚zurückgeschossen', das hat sich so eingeprägt", erklärt Ilse. „Und es war ja gelogen. Hinterher konnte man das nicht begreifen."

In ihrer Handelsschulzeit hatte sich eine Freundschaft entwickelt, die ein Leben lang gehalten hat. Ilses Freundin wohnte später auf der anderen Weserseite in Niedersachsen und war mit einem Seemann verheiratet. Entsprechend war sie viel alleine und Ilse hat sie häufig besucht.

„Ich war immer die, die hinfuhr", sagt sie. „Das hat sich komischerweise in meinem Leben so fortgesetzt. Ich gehe immer irgendwo hin. Ich denke, das ist auch eine Veranlagung. Meine Großmutter hat mich früher immer mitgenommen. Wir gingen immer irgendwo hin." Ich kann das bestätigen. Manchmal wünscht sie sich mehr Initiative von anderen, aber auf keinen Fall bleibt sie stur zu Hause hocken.

Ich möchte wissen, was die Freundschaft ausgemacht hat, die so lange gehalten hat.

„Da hat keiner bestimmt", sagt Ilse. Eine Freundschaft auf Augenhöhe. „Ihr Vater war nur ein einfacher Arbeiter und es gab dort nicht viel, aber wenn ich da war, habe ich dort mit Abendbrot gegessen. Vollkommen unkompliziert."

Im Anschluss an die Handelsschule arbeitete Ilse zunächst auf der Werft. Nach einem halben Jahr Arbeit bei Lürssen wurde sie 1944 zum Kriegsdienst eingezogen und landete als ‚Motorenschlosser' auf einem Fliegerhorst in Bayern. Es waren allerdings keine Flugzeuge und keine Soldaten mehr dort.

„Ich habe dort nie einen Motor gesehen", erklärt sie. 1945 wurde sie entlassen und war zunächst wieder zu Hause. 1946 bis 1949 hat sie für die Schreiber-Reederei auf der ‚Oceana' Kaffee gekocht. Die ‚Oceana' fährt noch heute im Sommer einmal täglich als Linienschiff vom Bremer Martini-Anleger nach Bremerhaven und zurück. Einmal bekamen wir die Gelegenheit, einen Blick in Ilses damalige Schlafkajüte zu werfen. Im Vergleich dazu ist ihr heutiger Schlafbereich riesig. Im Anschluss an die Zeit bei der Reederei hat Ilse bis 1956 als Schreibkraft bei Rechtsanwalt Fitschen „den ganzen Tag nur geklappert", wie sie es ausdrückt. Geklappert haben nur die Tasten der Schreibmaschine, auf der sie Schriftsätze für das Amtsgericht schrieb. Bei keiner dieser Stationen hält sich Ilse mit ihrer Erzählung lange auf. Nach einem halbjährigen Ausflug in eine Kaffeefirma in Bremen Aumund kam Ilse im Dezember 1956 zu Weserflug, das sie echt bremisch „Weserfluch" ausspricht. Sechs Monate war sie in Bremen, danach wurde sie in der Personalstelle in Lemwerder eingesetzt und fuhr fortan mit der Fähre über die Weser zur Arbeit. Dort blieb sie bis zum schönsten Moment ihres Lebens, fünf Jahre nach ihrer Hochzeit.

Der Mann mit den karierten Hosen

1956 wechselte Ilse nicht nur den Arbeitsplatz, sondern verlobte sich auch. Ihren Herbert lernte sie in der Gastwirtschaft Pelikan kennen. Dort arbeitete ihr großer Bruder als Taxifahrer und ihre Eltern tranken dort ihr Bier.

„Dazu sind wir immer rausgegangen", erklärt Ilse und ich höre das Unverständnis dafür, dass so viele Menschen zu Hause hocken, statt andere Menschen zu treffen.

„Man lernte dort Leute kennen und die Familie Kuhrke stand uns sehr nahe", sagt sie. „Und da war auch mein Herbert. Den ersten Abend hatte er eine karierte Hose an und das fand ich so schrecklich. Da hab ich gedacht: ‚Hoffentlich zieht er die nie wieder an.'" Offenbar hatte die Hose sie nicht so sehr abgeschreckt, dass sie ihm aus dem Weg gegangen ist. Wie sind sie einander nähergekommen? Sie saßen an der Theke, haben wenig getrunken und viel geredet.

„Es war wirklich Unterhaltung", sagt sie. Unwillkürlich erinnere ich mich, wie mühelos ich mich einige Jahrzehnte später mit ihrem Sohn unterhalten konnte. Keine krampfhafte Suche nach Themen oder Worten, keine Selbstdarstellungen, keine Irritation in Gesprächspausen, einfach unkompliziert. Als Ilse nach Hause ging, – „spät natürlich" – dachte sie sich: „Wenn der liebe Gott mir etwas Gutes tun will, dann kommt er wieder." Und sie ergänzt: „Das habe ich mir so richtig gewünscht." Ihr Wunsch wurde erhört.

„Er kam wieder und das ist dann so langsam gelaufen", sagt Ilse ohne weitere Details.

1958 heirateten die beiden und hatten ihr Schlafzimmer zunächst bei Ilses Eltern. Wieder horche ich auf. Sie war 32 Jahre alt, frisch verheiratet und konnte mit ihrem Mann nicht gleich in eine gemeinsame Wohnung ziehen. Stattdessen ein Zimmer bei den Eltern. Kommt jetzt nicht ein Hinweis darauf, dass das fürchterlich schwere Zeiten waren? Nein. Alles klingt danach, als wären es gute Zeiten gewesen. Das muss ich noch einmal prüfen.

„Mein lieber Herbert hatte wenig Geld", erklärt Ilse auf meine Nachfrage. Er arbeitete auf der Werft ‚Bremer Vulkan' und lebte als Letzter noch zu Hause bei seinen Eltern. Von seinem Wochenlohn musste er zu Hause abgeben. Was war das Besondere? Was hat ihr so gefallen an ihrem Herbert? Der erste Teil ihrer Antwort klingt lustig für mich.

„Er war ein ganz sauberer Typ, hatte immer ein blütenweißes Hemd an", sagt sie. „Komischerweise sehe ich das heut' noch." Seine schönen Hände hätten ihr auch sehr gefallen. Noch einmal betont sie: „Wir konnten immer ohne Schwierigkeiten reden."

Schließlich beschlossen die beiden, sich eine eigene Wohnung zu nehmen, eine mit Wohnzimmer und Küche. Es ist Ilse deutlich anzusehen, was für ein Höhepunkt das war und mit einem Lächeln erzählt sie, wie sie sich eine Lampe kaufen und die Kosten teilen wollten. Sie waren sich schnell einig, welche es sein sollte. Doch die Hälfte des Preises hätte ihr Mann nicht aufbringen können. Also, was nun? „Dann haben wir halt eine billigere genommen und waren damit zufrieden", sagt Ilse. Bei mir verstärkt sich der Eindruck, dass sie gar nicht auf die Idee kommt, man könnte anders als partnerschaftlich mit solchen Situationen umgehen. Da alles immer ganz knapp war, haben sie sich ihre Einrichtung Stück für Stück zusammengekauft.

„Wenn meine Mutter wüsste, dass wir heute ohne Geldsorgen leben … ich hätte ihr das mal so gewünscht", sagt sie.

Nicht beim Gedanken an ihre eigene Situation, sondern an die Situation der Eltern beginnt ihre Stimme zu wackeln. Doch als ich frage, ob die Mutter darunter gelitten hat, antwortet Ilse mit fester Stimme: „Nein, Oma Luise war immer zufrieden. Sie hatte immer ein schönes, glattes Gesicht."

Die Erfüllung

Der absolute Höhepunkt war für Ilse ganz klar die Geburt ihres Sohnes Rainer. Fünf Jahre haben Herbert und Ilse gearbeitet, eingerichtet und gespart, um sich das ersehnte Kind leisten zu können. Geplanter kann ein Kind kaum sein. Sie waren auf einem Fest in der Nachbarschaft, von dem sie sich augenzwinkernd früh verabschiedeten, damit alles nach Plan lief. Am nächsten Morgen nach dem Kaffee hörte Ilse mit dem Rauchen auf.

„Ich habe empfunden, dass es geklappt hat", sagt sie dazu. Und sie hat recht behalten. Im Sommer 1963 ging nach sieben Jahren Ilses Geschichte bei Weserflug zu Ende und eine ganz neue Geschichte begann. So lange wie möglich arbeitete sie noch.

„Es war eine schöne Arbeit", sagt Ilse. „Wir haben Zeit gehabt und viel Spaß." Sie merke das heute noch, wenn sie Zusammenkünfte mit ehemaligen Kollegen aus dieser Zeit habe. Die Kollegen sahen genau hin. Als Ilse den Gürtel an ihrem rot-blau kariertes Kleid weiterstellen musste, konnte sie die Schwangerschaft nicht mehr lange verbergen. In ihrer kleinen Wohnung war alles vorbereitet: Kinderwagen, Bett, alles war gekauft.

„Man bot mir Babysachen an, aber ich wollte das nicht", sagt Ilse. Sie wollte es aus eigenen Mitteln schaffen, und sie hat es geschafft. Es war ein Sonntagmorgen, als sie, begleitet von ihrer Freundin Brunhilde, ins Krankenhaus ging. Damals war es noch nicht üblich, dass der Vater bei der Geburt des Kindes dabei war. Zunächst passierte nichts. Den ganzen Sonntag verbrachte Ilse alleine im Zimmer und niemand kümmerte sich oder erklärte etwas.

„Das möchte ich nicht noch einmal erleben", sagt sie bestimmt. Ihr Sohn wurde erst am Montagabend geboren. Ilses Erzählung stockt und Tränen der Rührung steigen ihr in die Augen.

„Das ist der Höhepunkt", sagt sie. „Jetzt muss ich heulen." Auch als „die Erfüllung" bezeichnet sie die Geburt. Nur den Kopf des Babys habe man ihr nicht gezeigt. Stattdessen wurde ihr „befohlen", sich auf die Seite zu legen. Erst am nächsten Morgen erfuhr sie, dass ihr Baby eine große Beule auf dem Kopf hatte. Ilse war entsetzt. Herbert, der seinen Sohn das erste Mal auf dem Krankenhausflur gesehen hatte, wusste Bescheid: Es handelte sich um einen Blutstau, der nach ein paar Tagen wieder verschwinden würde. Bei Ilse im Zimmer lagen mehrere Frauen und es war ein riesiger Trubel.

„An Schlaf war nicht zu denken", erinnert sie sich. Schön wurde es, als sie wieder nach Hause kam, kochen und das Kind versorgen konnte. Finanziell blieb es knapp. Statt der früheren 30 D-Mark mussten sie für ihre Wohnung mittlerweile 100 D-Mark bezahlen und Ilses Gehalt fiel erst einmal weg. Es wäre nicht gegangen, wenn Herbert nicht den Garten mit gepflegt hätte. Dafür bekamen sie eine Mietminderung.

Als Ilses Mutter 1967 gestorben war, brachte Ilse den noch dreijährigen Sohn in den Kindergarten. Das war ein schwieriger Moment für die Mutter, die sich dachte: „Du gibst jetzt dein Kind hier einfach so ab und gehst wieder nach Hause – und er war so ein Süßer!"

Nun konnte Ilse sich wieder eine Arbeit suchen. „Ich hatte Glück", sagt sie. „Eine Nachbarin hat aufgehört zu arbeiten und da hab ich gedacht, so ein paar Stunden Arbeit könnten mir gefallen." 1967 fing sie zunächst mit zehn Wochenstunden als Schulsekretärin an.

„Das Geld, was ich da verdient habe, hat mich wenig interessiert", sagt Ilse. „Ich wollte gerne raus und wieder was tun. Denn nur zu Hause zu sitzen, ist nicht mein Ding. Das ist ja heute noch so. Ich weiß auch gar nicht, was ich damals verdient habe."

Morgens brachte sie ihren Sohn zum Kindergarten. Mittags holte der Opa, der bis 1977 lebte, ihn ab. „Wenn ich dann nach Hause kam, kamen die beiden auch und dann gab es was zu essen und so ging das eine ganze Weile."

1970 standen zwei Neuerungen an. Der Sohn kam in die Schule und die Familie zog in einen neu errichteten Wohnblock in Rönnebeck, einem weiteren Stadtteil in Bremen Nord. So war für Ilse der Weg zur Arbeit ohne Auto einfacher, und ihrem Herbert machten die paar Kilometer mehr zur Arbeit wenig aus. Der gelernte Bootsbauer wurde mittlerweile bei Weserflug in der Versuchswerkstatt eingesetzt. In einem Wohnblock zu wohnen, war zunächst eine große Umstellung, doch die Wohnung war gut geschnitten und günstig gelegen. Ihr Sohn fuhr mit dem Fahrrad zur Grundschule in Bremen Blumenthal und Ilse arbeitete in der Grundschule Hechelstraße, wo sie insgesamt zehn Jahre blieb.

Es schien alles rund zu laufen und so hätte es wohl zur Zufriedenheit aller weitergehen können. Ilse beginnt von der nächsten beruflichen Station zu erzählen, bevor sie mitten im Satz umschwenkt zur wahrscheinlich schwierigsten Situation ihres Lebens: „… und ja, ich muss ja eigentlich noch erst etwas anderes erzählen …" Sie redet plötzlich deutlich langsamer.

Abschied von Herbert

„Das war '73 – da ist Herbert gestorben. Da wohnten wir gerade drei Jahre in der neuen Wohnung", sagt Ilse. Wochenlang hatte ihr Mann morgens stark gehustet, „aber die Zigarette musste ja sein." Nachdem er endlich zum Arzt gegangen war, kam er im Herbst 1972 das erste Mal ins Krankenhaus. Einzelheiten, wie lange er dort genau war, erinnert Ilse nicht mehr. Dass die Lunge betroffen war, wurde ihnen gleich gesagt, aber nicht, welche Behandlung auf ihn zukam. Über Weihnachten und Neujahr kam er noch einmal nach Hause, aber dann ging es schließlich gar nicht mehr und er musste wieder ins Krankenhaus. Dort starb er im März 1973 an Lungenkrebs, noch bevor sein Sohn zehn Jahre alt wurde. Ilse beschreibt das als sehr schwere Zeit und fragt sich bis heute, ob sie sich richtig verhalten hat.

„Der Mann im Krankenhaus, der hat gewartet. Zu Hause der Junge, der hat gewartet", sagt sie. „Manchmal klappte das nicht mit dem Opa, dass der da war für ihn und aus dem Grunde bin ich aus dem Krankenhaus immer schnell wieder weggefahren. Das bereue ich heute." Noch einmal wiederholt sie: „Das bereue ich heute eigentlich immer noch, denn es ging zusehends schlechter mit Herbert."

Ich bin überrascht. Dass ihr das nach 41 Jahren noch zu schaffen macht, hatte ich nicht gewusst. Konnte sie ihren Sohn nicht mitnehmen ins Krankenhaus? Sie ist sich nicht ganz sicher, meint aber, sie habe ihn nie mitgenommen, hätte es ihm vermutlich nicht zumuten wollen.

„… Aber er durfte in Papas Bett schlafen, das war für ihn ein kleiner Trost", erzählt sie.

Mit knapp 47 Jahren verlor sie den Mann, mit dem sie sich so gut verstanden hatte. Was hat ihr geholfen, das zu überstehen? Spontan weist sie darauf hin, dass sie zu der Zeit noch in der Schule in der Hechelstraße arbeitete. Sie hatte zu tun. Eine Freundin, die ebenfalls früh ihren Mann verlor, meinte später, sie hätten sich zu wenig um Ilse gekümmert.

„Aber ich habe das gar nicht so empfunden, weil ich ja meine Arbeit hatte, und ich hatte meinen Jungen und das hat mich eigentlich ausgefüllt", sagt Ilse. Bis heute wird immer wieder deutlich, wie wichtig es ihr ist, sinnvolle Aufgaben zu haben.

Die ersten Monate nach Herberts Tod wurden zusätzlich erschwert, weil die Witwenrente eine lange Zeit nicht ausgezahlt wurde. Ein paar Monate war das Geld so knapp, dass auch die sehr bescheidene Ilse sich zwangsläufig Gedanken über ihr Auskommen machte. Einmal ging sie nach viel Überwindung zum Sozialamt. Dort wurde sie abgewiesen, weil es noch ein Konto mit circa 1.000 DM gab. Erst musste alles Geld weg sein. Die Erlösung kam im September.

„Dann kam die Rente, dann kam die Nachzahlung", sagt Ilse. „Ich sehe heute noch den Briefträger an meinem Küchentisch sitzen und das Geld da hinlegen. Für die ganzen Monate war das natürlich beträchtlich." Erstaunt frage ich, ob sie es wirklich per Post geschickt bekam.

„Ja, ja, ja", ist die Antwort, und mit jedem „Ja" höre ich erneut die Last und die Sorge von ihren Schultern fallen. „Das war so eine Besonderheit! Und das hilft einem natürlich enorm. Das macht einen zufrieden und du weißt, es geht weiter, und das war wirklich ein aufregender Moment."

Sonderschule und angebrochene Schokolade

Wie lange hat es gedauert, bis sich ihr Leben nach Herberts Tod wieder ‚normal' anfühlte?

„Das dauert schon ein bis zwei Jahre, sicher", sagt Ilse. „Aber wenn man sein Auskommen hat – und ich hatte meine Schule, das hat mich immer zufriedengestellt. Du hast ein ganzes Kollegium und du findest Einzelne, mit denen du besonders gut auskommst, und das hält dann ein Leben lang." Freundschaften aus dieser Zeit bestehen bis heute.

Nachdem sie das dunkelste Kapitel ihrer Erzählung abgeschlossen hat, spricht Ilse lauter und frischer weiter. Zwei Jahre waren vergangen, der Sohn hatte seine Schule, das Geld reichte wieder aus, die Wohnung war in Ordnung und der Opa war noch da. Die Zeit war gekommen, sich über die Zukunft Gedanken zu machen.

„Was willst du eigentlich? Willst du allein bleiben?", fragte sich Ilse.

Sie beantwortete sich die Frage selbst, indem sie auf eine Annonce reagierte. Ihr Sohn bekam das spätestens bei den ersten Treffen mit Karl-August mit.

„Ich war aber nicht Feuer und Flamme, überhaupt nicht", sagt sie. Trotzdem dachte sie wohl zunächst, nicht alleine bleiben zu wollen.

„Und dann hat mein Sohn gesagt: ‚Warum machst du das? Du hast doch mich.' Das höre ich immer noch", erklärt Ilse. Schließlich habe sie es gelassen. Mir wird ein wenig mulmig. Es war doch zu erwarten, dass der Sohn irgendwann das Haus verlässt. Durfte er tatsächlich über ihre Partnerschaft bestimmen? Ganz so war es glücklicherweise doch nicht.

„Der hatte ein Haus in Schwachhausen, aber er war geizig", sagt Ilse. Hier kommen wir zum Kern. Sein Geiz sei der Hauptgrund gewesen, dass sie mit ihm Schluss gemacht habe. Ein Beispiel erzählt sie: „Karl-August brachte dem Jungen eine angebrochene Tafel Schokolade mit. Das hat ihn damals schon so gestört, glaube ich." Offenbar hat es nicht nur ihren Sohn gestört, keine ganze Schokoladentafel zu bekommen.

Nach der schnellen Trennung war Ilse wieder allein. Umso mehr kümmerte sie sich um ihre Schule und ihre Freundschaften. Mit drei Freundinnen war sie regelmäßig unterwegs und ihre erste gemeinsame Busreise führte sie nach Wien. Meistens fuhren sie jedoch in die nähere Umgebung, denn eine von ihnen hatte einen Führerschein und ein Auto.

„Erika hat uns immer mitgenommen", sagt Ilse. „Die war so unkompliziert. Die hat immer Tisch und Stühle hinten reingepackt und wir hatten zu essen mitgenommen. Da gab es überhaupt keine Probleme." Brundorf und Meyenburg in der Gemeinde Schwanewede gehörten genauso zu ihren Ausflugszielen wie Bad Zwischenahn. Irgendwo im Wald packten sie Tisch und Stühle aus und spielten nach dem Essen dort Karten. „Bis uns das dann mal im Wald zu dumm wurde, wegen der Mücken", erzählt Ilse. „Da haben wir gesagt, wir sind doch doof. Wir hatten doch alle einen Garten."

Einen guten Draht hatte sie auch zum Schulleiter Erwin H. und seiner Frau, mit der sie bis heute Kontakt hat. Als der Schulleiter an eine andere Schule wechselte, war es auch für Ilse Zeit zu gehen. Nach zehn Jahren in der Hechelstraße wurde sie von Karin K., der Leiterin der ‚Sonderschule', wie sie damals noch hieß, angesprochen. Das passte gut mit dem Schulleiterwechsel zusammen und sie konnte dort mehr Stunden arbeiten als bisher. Als Karin K. in Rente ging, löste Fritz-Otto B. sie ab. Auch zu ihm hat Ilse bis heute Kontakt.

„Das waren alles Menschen, mit denen man gut auskam", sagt sie.

Sie blieb bis zu ihrem Rentenbeginn 1987 in der Schule in der Reepschlägerstraße.

Zum Glück ein Hund

Bis hierher hatten neben der Begegnung mit Herbert und der beglückenden Geburt des Sohnes vor allem die alltäglichen Begegnungen und sinnvollen Aufgaben Ilses Zufriedenheit ausgemacht. Doch einen weiteren Höhepunkt erlebte sie noch vor Rentenbeginn. 1983 holte Ilse sich einen Hund.

„Und sich einen Hund holen, das ist auch ein toller Moment!" Die Leidenschaft, mit der Ilse diese Worte sagt, ist beeindruckend. Sich einen Hund zu holen, ihn auf dem Schoß zu haben und zu wissen: ‚Das ist jetzt meiner', ist nach ihren Worten ein Moment, „in dem sich noch einmal Vieles entscheidet". Sie hat keine Worte für die Bedeutungstiefe, die sie empfindet. ‚Urmel' war ein Langhaardackel, der fortan zur Familie gehörte.

„Urmel war unser ein und alles", sagt Ilse und räumt dann ein, dass der Hund, der offenbar eine Hündin war, auch sehr zickig sein konnte. Wenn Urmel läufig war, beschwerte sie sich über jede von Rainers Bewegungen so sehr, dass er sich lieber in sein Zimmer oben unters Dach verzog.

1983 zog Ilse von Rönnebeck wieder nach Blumenthal. Den Umzug beschreibt sie als „Katastrophe". Ihr großer Bruder drängte, diesen noch vor Weihnachten über die Bühne zu bringen. Zwar wollte der Nachfolger die Wohnung in Rönnebeck so übernehmen, aber die Wohnungsbaugesellschaft forderte noch Renovierungsarbeiten, und Ilse hätte sie damals „am liebsten aufgefressen." Wie bekamen sie es hin? Es packten alle mit an: Bruder, Schwägerin, Nichten und Sohn trugen fleißig alles nach oben. Natürlich sind dabei Dinge oben gelandet, die in den Keller sollten und umgekehrt, doch sie schaffte es. Der neue Wohnort hatte den Nachteil, dass Ilse wieder mit dem Fahrrad zur Arbeit fahren musste, aber sie schwärmt: „Wir hatten einen Garten."

Es gab noch einen Grund für den Umzug: Ilse wollte wieder dichter an die Mühlenstraße, in der sie aufgewachsen war.

„Die Straße lebte damals noch", sagt sie. „Das war dann schlagartig vorbei." Heute finden sich in Blumenthal nur noch wenige Läden.

Mit 61 Jahren ging Ilse G. in Rente. Nachdem ihr die Arbeit so wichtig gewesen war, hätte ich erwartet, dass ihr der Schritt in den Ruhestand schwergefallen ist, doch so war es nicht.

„Das ist mir überhaupt nicht schwer gefallen. Ich hatte ja den Hund", sagt sie. Wieder bin ich beeindruckt von der Bedeutung dieses Tieres. Nach einer kurzen Pause ergänzt Ilse: „Ich war viel im Garten und Essen kochen musste ich ja auch noch und Freundinnen hatte ich." Mit denen ging sie unter anderem in die damals noch belebte Mühlenstraße.

Ich möchte mehr über das Phänomen Hund wissen. Was waren die schönsten Momente? Ilses Antwort zeigt mir, dass es nicht auf die großen Momente ankommt: „Das fügt sich so ineinander", sagt sie und beschreibt, wie der Hund zur Tagesstruktur beitrug. Morgens direkt nach dem Aufstehen gingen die beiden eine kleine Runde spazieren, nachmittags war die große Runde dran. An der Weser trafen sie andere Hundebesitzer und wenn sie zurückkamen, setzten sie sich zusammen aufs Sofa und genossen die Pause. Ilse ahmt den genüsslichen Hundeseufzer nach, den sie zu hören bekam, während sie Urmel streichelte. Struktur, Bewegung, Verbindung zu anderen ‚Hundefreunden' und Gesellschaft auf der Couch – da kommt eine Menge zusammen, was so ein Tier bieten kann.

Urmel wurde 14 Jahre alt. Zum Schluss hatte die Hündin Anfälle und vermutlich Probleme mit den Nieren. Sie rannte nur noch nervös durch die Wohnung. Zunächst erlaubte Ilse ihr, hinten auf ihrem Bett auf einer Decke zu liegen. Dort kam sie endlich zur Ruhe und konnte ein wenig schlafen. Doch es wurde nicht mehr besser.

„Ich war der Meinung, ein Hund solle nicht leiden", sagt Ilse und schließt damit das Kapitel ‚Urmel' ab. „Ja, das war hart. Kein Hund mehr."

Sie muss damals 70 oder 71 Jahre alt gewesen sein. Als ich sie frage, warum sie sich keinen Hund mehr angeschafft hat, antwortet sie mit einem Rat: „Heute sage ich jedem, wenn die Sprache darauf kommt: ‚Nicht immer mit dem Kopf entscheiden.' Ich hätte mir eine andere Wohnung suchen sollen. Und ich hätte mir wieder einen Hund angeschafft, wenn ich gewusst hätte, dass es mir noch so lange gut geht. Aber das weißt du nicht."

Das Spannungsfeld ist präsent: Wenn Ilse sieht, wie Freundinnen und Bekannte erst ihre Wohnsituation verändern, sobald es gar nicht mehr anders geht, gratuliert sie sich zu ihrem vorausschauenden Handeln. Wenn sie daran denkt, wie lange sie noch

Garten und Hund hätte genießen können, bedauert sie ihre Entscheidung.

2005 zog sie in ihre heutige Wohnung. Ärger mit anderen Mietern im Haus hatte dazu geführt, dass sie nicht mehr entspannt in der vorherigen Wohnung bleiben konnte. Sie war Ende 70 und wollte frühzeitig sicherstellen, dass wir uns nicht sorgen müssen. Deshalb entschied sie sich für das betreute Wohnen ohne Garten und ohne Hund.

Plötzlich sieht Ilse mich an und erklärt: „Aber mir war nicht nur der Hund wichtig. Mein Sohn war mir auch ganz wichtig. Das muss ich noch mal sagen."

Unterwegs mit dem Sohn

„Wir haben ja eigentlich nie Probleme gehabt. Er hat sowieso keine Probleme gemacht", sagt Ilse über die Beziehung zu ihrem Sohn. Was hat die beiden verbunden? Sie hätten viele Reisen gemacht, schwärmt Ilse. Nicht in ferne Länder, Ilse zählt andere Ziele auf: Mecklenburg, Bad Krozingen, Rügen, Waren, Freiburg an der Unstrut.

„Das waren die schönsten Zeiten", sagt Ilse. „Er hat gesagt: ‚Tabarz? Da warst du mal? Da fahren wir hin.'" Und sie wiederholt: „Das waren die schönsten Zeiten." Auch bezüglich des Geldes habe es keine Diskussionen gegeben. Nach seiner Ausbildung musste der Sohn „natürlich auch zu Hause ein bisschen was abgeben. Das haben wir uns ausgerechnet", sagt Ilse. „Da gab's nie Schwierigkeiten."

Eine Zeit lang wohnte er direkt in der Wohnung unter ihr, doch 1999 suchte sich ihr Sohn schließlich ein eigenes Zuhause. Ilse schildert, wie aufregend die Suche nach der passenden Eigentumswohnung auch für sie war. „Und Hemmstraße, meine Güte, Findorff!" Findorff ist ein zentrumsnaher Bremer Stadtteil. Mir wird bewusst, dass sich Ilse trotz mehrfacher Umzüge in einem sehr engen Umkreis bewegt hat, ohne engstirnig zu werden.

Ihre Freundin aus der Handelsschulzeit zog weit weg zu ihrer Tochter, als sie nicht mehr alleine leben konnte. Sie verstarb vor wenigen Jahren. Am Tag ihrer Beerdigung hatte Ilse einen für sie sehr wichtigen Arzttermin, auf den sie ein Vierteljahr gewartet hatte. Anschließend fuhr sie noch zum Friedhof, doch die Beerdigung war schon beendet. Ilse glaubt, die Tochter ihrer Freundin habe ihr das übel genommen. Doch sie ist sicher: „Das hat der Freundschaft nicht mehr geschadet und ich musste den Termin wahrnehmen für mich selbst. Das war wichtig."

So mobil wie Ilse sind in dem hohen Alter nur wenige. Es kommt ihr sehr zugute, dass sie früh von der Oma gelernt hat, die Initiative zu ergreifen und zu den Menschen hinzugehen, statt abzuwarten.

Worauf es ankommt

Nachdem wir uns mehr oder weniger chronologisch durch ihr Leben bewegt haben, möchte ich wissen, was Ilse jungen Leuten sagen würde, worauf es wirklich im Leben ankommt. Den ‚Gefallen' einer schlichten Pauschalantwort tut sie mir nicht.

„Das kommt auf den Einzelnen an, wie er ist und was er macht und wie er sich das vorstellt. Ich hab's so gemacht und denke, das war nicht verkehrt", sagt Ilse und mutmaßt dann, dass wir unser Alter anders gestalten können als sie. Auf meine Nachfrage erläutert sie, dass sie lieber eine Wohngemeinschaft gehabt hätte, in der auch jüngere Leute mit Kindern wohnen ... und wo man schneller mal zum Nachbarn gehen kann und sagen kann, ich pass mal auf oder schickt die Kinder zu mir." Viel Kontakt und nützlich sein bis ins hohe Alter, das hätte sie gerne noch intensiver.

Schließlich verrät mir Ilse doch, welches Rezept für ein gelingendes Leben sie ausgeben würde, wenn sie eins ausgeben müsste: „Ganz ganz wichtig ist: Freunde haben, auf Menschen zugehen, Kontakt und eine Arbeit haben, die Spaß macht. Und wenn es Gartenarbeit ist, die macht auch Spaß." Die Arbeit in der Schule habe ihr am meisten Freude gemacht. Gerade habe sie noch mit Fritz-Otto B., dem ehemaligen Leiter der Sonderschule, telefoniert und sie waren sich einig: „Unsere Schule, das war die beste Zeit."

Die wichtigsten Tipps, die ich aus diesem Gespräch mitnehme:
- Auf Menschen zugehen und Kontakte pflegen.
- Mit Freude arbeiten und sich Aufgaben bis ins hohe Alter suchen.
- Sein Auskommen zu haben, genügt.

- Sich über das freuen, was man hat, und ganze Schokoladentafeln verschenken.
- Nicht nur mit dem Kopf entscheiden.

HANNA S.: WENN ICH HELFEN KANN, ...

"Es kommt in der Welt vor allem auf die Helfer an – und auf die Helfer der Helfer." (Albert Schweitzer)

Hanna S. wohnt in der Gemeinde Lemwerder und wir sehen uns manchmal bei kirchlichen Veranstaltungen. Weil mein Nachname so schwer zu merken ist, haben wir uns auf das Du geeinigt. Hanna ist eine kleine, freundliche Frau mit hochgestecktem, grauem Haar. Sie singt im ökumenischen Singkreis, während ich in dem etwas jüngeren Chor singe, den einer ihrer Söhne leitet.

Nach dem Weihnachtsgottesdienst 2015 frage ich sie auf dem Weg zum Auto, ob ich sie im Rahmen eines Buchprojektes interviewen darf, für das ich über 80jährige Menschen befrage. Ich rechne damit, dass ich das näher erläutern muss, aber Hanna sagt spontan zu.

„Ich weiß nicht, ob ich das kann, aber wenn ich helfen kann, ...", sagt sie.

In dem Moment ist mir noch nicht klar, wie stark dieser eine Satz schon ihre Lebenshaltung ausdrückt. Ich erkläre, dass sie nur aus ihrem Leben erzählen soll, und noch einmal sagt sie: „Na gut, wenn ich helfen kann" und gibt mir ihre Telefonnummer. Als ich sie am 2. Januar 2016 anrufe, lädt sie mich ein, am nächsten Tag mit ihr und ihrem Sohn, mit dem sie das Haus teilt, Kaffee zu trinken

Nach milden Dezemberwochen ist der 3. Januar 2016 der erste richtige Wintertag. Auf dem frischen Schnee kann ich nur sehr langsam durch die schmale Straße zu ihrem Haus fahren. Drinnen führt Hanna mich durch einen kurzen Flur in ein Wohnzimmer mit Weihnachtsbaum und zwei Sofaecken. Der Tisch ist für Vier gedeckt. Es hätte ja sein können, dass ich meinen Mann mitbringe. Am Weihnachtsbaum brennen elektrische Kerzen. Das sei zwar nicht so schön, aber praktischer, meint Hanna. Schließlich sitze sie häufig alleine dort.

Für mehr Gemütlichkeit zündet Hanna zwei Teelichter an. Auf dem viereckigen Leuchter lese ich den Spruch: „Manche Menschen machen die Welt besonders, indem sie einfach da sind."

„Das haben sie mir mal geschenkt", sagt Hanna.

„Die Kinder?", frage ich nach.

„Ja, ich weiß gerade nicht, wer genau."

In einer Ecke neben dem Klavier hängt eine Urkunde, die Hannas Mann zu seinem 25-jährigen Dienstjubiläum auf der Werft bekommen hat.

„Ja, darauf war er sehr stolz", erzählt Hanna, während ich sie mir ansehe. „Darum hängt sie da."

Schon während unseres Kaffeetrinkens zu dritt höre ich erste Geschichten aus Hannas Leben. Noch läuft meine Diktier-App nicht und ich nehme mir vor, sie bei den nächsten Gesprächen sofort einzuschalten. Obwohl ich ungefähr 40 Jahre jünger bin als meine Interviewpartnerin, möchte ich mich nicht auf mein Gedächtnis verlassen. Nach dem Kaffee gehen Hanna und ich zu zweit gedanklich zurück in die 1930er Jahre.

Aufwachsen in Stedefreund

Hanna ist im Oktober 1932 in Westfalen geboren.

„Zwischen Herford und Bielefeld war unser kleines Dorf Stedefreund", erzählt Hanna. „Das hatte damals nur 100 Häuser. So haben wir es in der Schule gelernt."

Im Internet prüfe ich später, ob ich das Dorf genauso schreiben muss wie den Namen des Bremer Tatort-Kommissars. Dabei erfahre ich, dass der damalige Drehbuchautor dieses Dorf bei seiner Namensfindung im Kopf hatte. Mittlerweile gehört Stedefreund – der Ort – zu Herford.

1930 wurde Hannas große Schwester Gertrud geboren, 1934 kam Margarete dazu und eineinhalb Jahre später, 1935, der kleine Bruder Fritz. 1940 schließlich vervollständigte Christa als Jüngste das Quintett. Alle fünf Geschwister kamen im knapp 15 Kilometer entfernten Bethel zur Welt.

„Ich kriegte den Namen von meiner Großmutter und ich mochte ihn nie leiden", sagt Hanna. „'Hanna guckt aus jeder Haustür', sagte man doch. Allein im Nachbarhaus, da waren schon zwei."

Der Großmutter hatte es nicht gepasst, dass die Älteste Gertrud statt Hanna hieß. „Dat is nich mien Patenkind", habe sie gesagt. So traf dieses Namens-Los die nächste Enkelin. Dass ich den Namen mag und den Spruch nicht kenne, kann Hanna nicht umstimmen.

Hannas Mutter war mit fünf Kindern, Haus und Hof gut beschäftigt. Der Vater hatte einen Gartenbaubetrieb gegründet.

„Ja, und viel Geld hatten wir auch immer nicht", erinnert sich Hanna. „Das war eben so."

Die Großmutter war dadurch eingeschränkt, dass sie nur einen Arm hatte. Hanna erzählt, wie sie sich beim Abschmücken des Weihnachtsbaumes an einer zerbrochenen Glaskugel verletzt hatte. Ob das der Grund für den Verlust ihres Armes war, erfahre ich nicht. Die Großmutter sammelte die Scherben in ihre Schürze – und plötzlich sprechen wir über Schürzen und vergessen den verlorenen Arm. Die älteren Mädchen mussten noch Schürzen zur Schule tragen. Christa, die Jüngste, ließ sie in ihrer Büchertasche verschwinden, sobald sie aus dem Haus war.

„Weil sie sich damit geschämt hat", erklärt Hanna. „Da gingen nicht mehr alle mit Schürzen. Die sich ein bisschen besser fühlten, gingen ohne Schürze. Aber wir mussten noch mit Schürze gehen." Schon innerhalb der Geschwisterfolge wandelten sich Traditionen. Für die Jüngeren galt nicht mehr das Gleiche wie für die Älteren.

Auch die Ausbildung sah bei den Geschwistern unterschiedlich aus. Hanna und ihre ältere Schwester beendeten ihre offizielle Ausbildung mit der achten Klasse der Volksschule. Noch während sie zur Schule gingen, mussten alle kräftig im elterlichen Betrieb helfen.

„Meine Eltern, die waren froh, dass zwei schon größer waren und arbeiten konnten", sagt Hanna. „Einmal mussten wir Tomaten pflücken", erzählt sie lachend. „Da hatten wir ein ganzes Feld voll. Da habe ich einmal auf dem Korb gesessen und hab' geheult und gesagt: ‚Mein Herz, das blutet auch schon', weil wir so viel arbeiten mussten." Sie lacht noch immer und erklärt: „Ich wusste nicht, was das bedeutet." Statt verpasste Chancen oder harte Zeiten zu bedauern, amüsiert sie sich köstlich über einen seltsamen Satz, den sie als Kind benutzt hat.

Nach der Schulzeit waren ihre Schwester und sie Vollzeitkräfte im Gartenbau. Das Gemüse lieferten sie an Großhändler in Bielefeld. Ich frage, was Hannas Aufgaben waren.

„Arbeiten", antwortet sie. „Alles." Vor allem zu gießen habe es viel gegeben. „Wir waren froh, als es endlich mal Schläuche zum Gießen gab. Eine elektrische Pumpe hatten wir ja." Vor der Anschaffung der Schläuche hatte sie das Wasser aus großen Bassins herausgehoben. Heute würde man davor warnen, dass man sich so einen Bruch hebt, meint Hanna.

„Aber ich hab' mir keinen Bruch gehoben", sagt sie. „Das war eben so."

Hanna redete ihren Eltern zu, dass die Jüngeren mehr lernen sollten. Sie sollten bessere Chancen haben. Ihr Bruder Fritz machte seinen Meister und übernahm später den Gartenbaubetrieb.

„Wenn es bei uns mehr gefördert worden wäre", sagt Hanna, „hätten wir auch noch etwas mehr geschafft, aber meine Eltern konnten das einfach nicht". Schließlich herrschte inzwischen Krieg.

Knappe Kriegsjahre

Hannas Vater wurde nicht eingezogen, weil er einen lebenswichtigen Betrieb leitete. Die Familie wurde in der Zeit von wechselnden Gehilfen, zum Teil von Fremdarbeitern, unterstützt. Einmal habe der Bürgermeister zu Hannas Vater gesagt: „Mensch Heinrich, du holst dir die Leute immer her, und wenn sie sich gerade eingelebt haben, gehen sie wieder weg in die Fabriken."

So war es. Bielefeld und Herford waren Leinenweber-Städte. Auch Hannas Vorfahren gehörten noch zu den Leinenwebern. Die Ballen mussten zehn Kilometer zu Fuß nach Bielefeld getragen werden, weiß sie aus Erzählungen. Doch zu ihrer Zeit war der Webstuhl bereits in eine Werkbank umgebaut.

Die Mutter wusste in Kriegszeiten oft nicht, wie sie ihre fünf Kinder mit dem bisschen Geld kleiden sollte. Sie ergatterte dünnes Gewebegarn, wickelte es vierfädig zusammen und strickte davon Unterwäsche. Die Mutter konnte auch gut nähen und machte viel selbst, wenn einmal Stoff da war.

„Das war eine ganz andere Zeit", sagt Hanna nüchtern.

Nun, das höre ich. Wenn ich nähen möchte, bestelle ich mir Stoff im Internet.

Trotzdem stehen Härten und Entbehrungen nicht im Vordergrund von Hannas Erinnerungen. Ich möchte erfahren, was ihre schönste Kindheitserinnerung ist.

„Weihnachten", antwortet Hanna ohne Zögern. Ostern sei ähnlich schön gewesen. Plötzlich sprudeln Anekdoten aus Hanna heraus. Sie ging mit ihren Geschwistern immer in die Sonntagsschule zur großen Kirche nach Laar. Dort wurde sie konfirmiert und später auch getraut. Wenn sie Ostern von dort zurückkamen, kamen ihnen die anderen Kinder entgegen und zeigten, was sie alles von Oma und Opa bekommen hatten.

„Was hab' ich mir 'ne Oma gewünscht", sagt Hanna. „Wir hatten ja eine Oma, aber die hatte nur einen Arm und die war sehr hilfsbedürftig. Meine Eltern hatten das auch nicht leicht."

Offensichtlich gab es sie doch, die Neid-Momente. Was hat ihr geholfen, damit zurechtzukommen, dass es bei ihnen so wenig gab? Hanna überlegt kurz.

„Die Familie, wahrscheinlich", sagt sie dann. „Die große Familie." Mit ihren Geschwistern hat sie sich unterschiedlich gut verstanden. Da gab es auch manchmal Differenzen. Doch wenn es darauf ankam, haben sie alle zusammengehalten.

Was war an Weihnachten so schön? Warum ist ihr das als Erstes eingefallen? Spontan weiß Hanna das nicht genau. Es war die gesamte Atmosphäre. Sie hatten einen Weihnachtsbaum, Geschenke und es war einfach schön.

„Wir haben viel gesungen, vor allem das Lied ‚Welch ein Jubel, welche Freude'", erinnert sie sich. „Das sing ich jetzt noch manchmal. Und es wurde auch immer Andacht gehalten bei uns zu Hause. Das waren wir von klein auf gewöhnt." Sie überlegt noch einmal kurz.

„Ein schlechtes Zuhause ... das haben wir nicht empfunden, dass das schlecht war", sagt sie. „Im Gegenteil, gegenüber anderen fanden wir es sehr schön bei uns. Meine Eltern haben sich nicht gestritten. Das hab ich nicht erleben müssen. Aber meine Kinder auch nicht."

Damit baut mir Hanna zwar eine elegante Brücke zur eigenen Familie, aber vorher möchte ich noch erfahren: Wie hat Hanna den Krieg erlebt?

„Bombenangriffe – auf Bielefeld – ooooh", sagt Hanna. Neben der Knappheit war die Kriegszeit vor allem von Angst geprägt. Von der Gemeinde wurde ein Luftschutzkeller verordnet. In einen ihrer zwei Kellerräume musste der Vater Balken einbauen. „Damit der sicherer sein sollte", sagt Hanna. Sie macht sich keine Illusionen. Ein paar Balken ergeben keinen Luftschutzkeller. Wenn eine Bombe das Haus direkt getroffen hätte, hätten sie wenig genützt.

„Wenn die Sirenen heulten, sind wir da schnell rein", erzählt Hanna. „Da kamen noch Nachbarn mit zu uns, weil mein Vater mit dabei war. Die meinten immer, bei uns wären sie sicherer, weil da noch ein Mann im Hause wäre." Nicht das Dorf an sich war ein beliebtes Angriffsziel, sondern die Bahnstrecke. Die Sirenen heulten häufig.

„Die Köln-Mindener Eisenbahn, die ging ganz nah an uns vorbei", sagt Hanna. Sie wohnten auf einer kleinen Anhöhe oberhalb der Eisenbahnstrecke. „Dann kamen die und haben die Züge bombardiert. Und die Bomben fielen. Das Geräusch, das kannten wir so gut, das jaulte so durch die Luft." Die Bedrohung war sehr nahe. „Unsere Irmgard, die bei uns angestellt war, und mein Vater, die haben die Türen festgehalten, weil die so knatterten vom Luftdruck. Oh, da hatten wir Angst."

„So war das eben", beendet Hanna das Thema. „Das waren schon Ängste, ja."

Mich wundert, dass sie ihren christlichen Glauben so selten erwähnt, denn ich weiß, dass er fest zu ihrem Alltag gehört. Also frage ich direkt nach: „Inwieweit hat der Glaube geholfen?"

„Ganz viel", antwortet Hanna sofort. „Das hat man damals gar nicht so gewusst. Aber heute weiß man das. Wir sind ja auch so erzogen worden. ... Und Freizeiten, was es dann nachher alles so gab. Ja, das war sehr schön." Der Glaube ist ein so selbstverständlicher Teil ihres Lebens, dass Hanna gar nicht daran denkt, ihn ausdrücklich zu erwähnen. Schon ihre Eltern gehörten zur Landeskirchlichen Gemeinschaft, die noch eine bedeutende Rolle in Hannas Leben spielen sollte. Es handelt sich um selbstständig organisierte Gruppen innerhalb der Evangelischen Kirche, die besonderen Wert auf die Umsetzung des Glaubens im Alltag legen. Sie sind im Evangelischen Gnadauer Gemeinschaftsverband e. V. zusammengeschlossen.

In unserem Gespräch ist es Zeit für die nächste Lebensphase, die eine große Überraschung für mich birgt.

Eine überraschende Familiengründung

„Wie hast du deinen Mann kennengelernt?" möchte ich wissen.

„Überhaupt nicht", sagt Hanna.

Wir lachen. Klare Frage, klare Antwort. Aber das kann doch wohl nicht ihr Ernst sein?

„Nein, das ging auch über unseren Verband irgendwie", sagt Hanna. „Jedenfalls kriegte ich eines Tages einen Brief. Irgendeiner hatte mich vorgewarnt, dass ich bald Post bekommen würde: ‚Da ist ein Mann, der braucht eine Mutter für sein Kind.'" Die leibliche Mutter des kleinen Jungen war kurz nach der Geburt gestorben. „Und die Oma war da", sagt Hanna. „Die war auch pflegebedürftig. Die musste auch Strümpfe angezogen kriegen und konnte nichts selber. Das war schon hart."

Wie es genau zu dem Brief von Ewald aus Lemwerder gekommen war, erinnert Hanna nicht. Seine verstorbene Frau war aktiv in der Landeskirchlichen Gemeinschaft Blumenthal gewesen und die Prediger im Verband kannten einander. Im Austausch muss jemand erzählt haben, dass Hanna eine ledige Frau war, die passen könnte.

„Ich kriegte jedenfalls einen Brief und wurde angefragt", sagt sie. Im ersten Moment war sie nicht von der Idee überzeugt, aber schließlich hat sie es doch gemacht. „Ja, so kam ich denn hier hin. Und da war auch wieder alles fremd." Das war 1970. „Aber heute ist es nicht mehr fremd", sagt Hanna.

Ich bin noch immer reichlich perplex. „Aber dein Mann war ja fremd", erwidere ich. „Wie hat das denn funktioniert?"

„Also - Schwierigkeiten hatten wir keine", sagt Hanna.

„Hat das so gepasst?", frage ich noch einmal.

„Ja, muss es ja wohl."

Hanna scheint sich zu wundern, dass ich nach dem Offensichtlichen frage. Ich dagegen wundere mich, dass jemand eine solch ungewöhnliche Geschichte mit wenigen Worten als selbstverständlich darstellen kann. In einem späteren Gespräch frage ich nach, was den Ausschlag zu diesem Schritt gegeben hat, vor dem sie zunächst gezögert hatte. Es ist für sie selbst schwer zu greifen. Die Situation sei so gewesen, dass sie einfach gebraucht wurde, meint sie und sagt: „Ich wurde gerufen."

Als Hanna 1970 nach Lemwerder zog, lebten ihre Eltern nicht mehr. Der Vater starb 1959, die Mutter 1960. Die ältere Schwester hatte geheiratet. Fritz hatte den Betrieb übernommen und seine Schwester Hanna weiter dort beschäftigt. 1970 begann mit der Heirat ein völlig neuer Abschnitt. Hannas Stiefsohn war 1969 geboren worden. An die erste Begegnung mit seiner pflegebedürftigen Oma erinnert Hanna sich lebhaft.

„Ich seh' noch immer, wie sie da saß und wie sie gezittert hat", sagt sie. „Mit Tränen in den Augen. Da muss ich heute noch selber manchmal weinen, wie unser Gott das geführt hat." Sie macht eine kurze Pause. „Mit offenen Armen hat sie mich empfangen. Ich war doch eine ganz wildfremde Frau."

Statt ihre eigene Großherzigkeit darzustellen, ist Hanna dankbar für die freundliche Aufnahme. Zwölf Jahre lebte die Oma danach noch. Geärgert hat Hanna sich damals nur über einige Nachbarn, „die dann auch immer meinten, sie hätten da mitzureden und müssten sich da reinstecken." Von zu Hause kannte sie es nicht, dass die Nachbarn so dicht aufeinandersaßen und sich gegenseitig genau beobachteten. Ende der 1930er Jahre hatten die Familien dort gemeinsam gebaut und waren es gewohnt, beieinander ein und aus zu gehen. Bis die neue Frau kam, hatten die Nachbarinnen sich notgedrungen um die Oma und den Säugling gekümmert. Eine Nachbarin habe sogar gefordert, die Neue zu begutachten. Hanna lag es fern, mit allen Neuigkeiten von Haustür zu Haustür zu laufen. Daran musste sich die Nachbarschaft erst gewöhnen.

„Ich hab' mich aber auch nicht bloß geduckt", erklärt Hanna. „Ich hab' gedacht: ‚Ihr könnt mir mal den Buckel runterrutschen. Ich weiß schon, was ich tue.'"

Über die Jahre hat sich diese Anfangshürde von alleine geebnet und sich in Akzeptanz gewandelt. Obwohl oder gerade weil Hanna ihre eigenen Vorstellungen hatte und nicht versucht hat, es allen recht zu machen? Schwer zu sagen.

Ihre Familie wuchs. 1971 bekam der Älteste eine Schwester, deren Namen die Mutter aussuchen durfte. Eins war klar: „Hanna wird es nicht genannt, da haben wir schon genug." 1972 wurde der erste gemeinsame Sohn geboren und 1976 kam schließlich der Vierte im Bunde. Eine von Hannas Schwestern, deren Ehe kinderlos geblieben war, hätte den Jüngsten am liebsten zu sich genommen, aber das kam nicht infrage.

Zum Ankommen in Lemwerder hat auch Hannas Singen im Chor beigetragen. Mit kleinen Kindern, die ins Bett gebracht werden müssen, ist das organisatorisch nicht ganz einfach – es sei denn, der Vater spielt mit.

„Wenn du da hingehen willst, geh du man jodeln", habe ihr Mann gesagt. „Die Kinder kann ich auch ins Bett bringen. Du kommst immer so fröhlich wieder."

„Singen macht froh, das ist mal so", sagt Hanna und überlegt kurz, ob sie mich in ihren Chor einladen kann, bevor ihr einfällt, dass ich schon bei ihrem Sohn mitsinge. "Also singen macht froh", bekräftigt sie noch einmal. „Ich singe heute noch so gern, obwohl meine Stimme schon schrebbelig ist." Ihr Vorteil sei, dass sie schon früh Noten gelernt habe. Zu Hause hatten sie ein Harmonium.

„Unterricht haben wir auch gehabt, wir beiden Ältesten, schon zu Hause. Da hat mein Vater für gesorgt." Die Musiklehrerin sei zu ihnen nach Hause gekommen, um sie zu unterrichten, erzählt Hanna. „Irgendwie denke ich jetzt manchmal: Mein Vater hat das auch nicht so schlecht gemacht."

Musik wurde offenbar immer gefördert. Das hat sie bei ihren eigenen Kindern fortgeführt.

Ein plötzlicher Schlag

Mit vier Kindern hatte Hanna gut zu tun. Sie hätte keinen Einschlag ins Familienleben gebraucht. Doch der Schlag kam 1988 plötzlich und heftig. Mittags, als sie glaubte, ihr Mann sei auf der Werft, rief ein Arzt an.

„Sie müssen sofort kommen", sagte der. „Ihren Mann haben wir gerade ins Krankenhaus gebracht." Hanna setzte sich ins Auto und fuhr zum Krankenhaus. Während der Arbeit hatte ihr Mann einen Schlaganfall bekommen, an dessen Folgen er in der Klinik verstarb. Erst später erfuhr sie, dass er schon länger hohen Blutdruck gehabt hatte. „Ich dachte, ich steh wie vor der Wand!", sagt sie. „Aber – ich bin auch zurechtgekommen."

„Wie hast du das geschafft?", frage ich.

„Mit Gottes Hilfe, anders kann ich das nicht ausdrücken", antwortet Hanna. Zu Anfang war es sehr schwer. Wenn die Kinder nach Hause kamen und gesehen haben, dass sie geweint hatte, seien alle nur noch durchs Haus geschlichen.

„Dann war der Ofen aus", beschreibt Hanna die Stimmung. Sie beschloss: „So geht es auch nicht." Die Kinder hatten schließlich nur noch sie und arbeiten musste sie auch. Sie musste sich zusammenreißen. Sie konnte als Küsterin arbeiten, was sich mit ihren Aufgaben als Mutter vernünftig vereinbaren ließ. Geholfen habe, dass die älteren Kinder schon bald begannen, eigenes Geld zu verdienen. Auch Hannas Geschwister, insbesondere die kinderlose Schwester, unterstützten sie finanziell.

„Wenn man Geschwister hat, das ist auch gut", stellt Hanna fest. „Wie mir zumute war, brauch' ich dir ja wohl nicht sagen. Aber wenn ich das heute überlege – unser Gott hat uns wunderbar geführt. Es geht alles."

Ich möchte wissen, wie lange es gedauert hat, bis gefühlt wieder alles in ‚normalen' Bahnen lief. Ob es ihr ähnlich ging wie Ilse? Doch den Zeitraum kann Hanna mir nicht mehr nennen. Sie weiß, dass es letztlich gut geworden ist, aber dass das auch seine Zeit gedauert hat.

„Ich wurde ja immer gefordert", sagt sie. „Und das hat auch etwas Gutes. Arbeit hilft über manches hinweg."

Mit meiner nächsten Frage löse ich fast Empörung aus, zumindest eine besonders energisch-bestimmte Phase in unserem Gespräch. Ich möchte wissen, ob es für sie je infrage gekommen ist, sich einen neuen Mann zu suchen.

„Nee! Nee!", antwortet Hanna. Mit Nachdruck. Die Nachbarn hätten so etwas auch einmal gesagt. „Bin ich denn bekloppt? Auf keinen Fall. Stell dir mal vor, ich hätte meinen Kindern hier noch wieder jemand anderes zugemutet. Nein! Auf die Idee bin ich nicht gekommen, nein. Echt nicht."

In dieser Richtung brauche ich wohl nicht weiter zu fragen.

Ein besonderer Reichtum

Als ich den Termin mit Hanna ausgemacht habe, bat sie mich, nicht zu früh zu kommen. Sie müsse sich vorher noch ausruhen können, weil sie körperlich gerade nicht gut drauf sei. In unserem Gespräch ist das kein Thema. Wahrscheinlich gehört es in die Kategorie ‚So ist es eben' – eine Situation, mit der sie umgehen muss. Sie klagt nicht und scheint nicht einmal daran zu denken.

Stattdessen sagt Hanna: „Bin ich nicht reich?" Vier Kinder und fünf Enkelkinder habe sie. „Ist doch auch was, da kann ich mich sehr drüber freuen." Vor allen Dingen sei ihr wichtig, dass die Kinder keine Streitereien miteinander haben. „Darüber kann ich immer wieder dankbar sein", sagt sie.

Sie freut sich über die große Familie, bei der immer viel los ist und denkt an die Konfirmationen zurück. Da sollte immer die Familie mitfeiern. Und eine vernünftige Ausbildung sollten die Kinder unbedingt bekommen. Dafür wollte sie sich auch „krumm machen", solange sie konnte. Ihre Tochter wollte gerne Krankenschwester werden und habe sich Sorgen gemacht, dass sie das nicht dürfe. Denn es bedeutete, dass sie während der Ausbildung schon nicht mehr zu Hause wohnen konnte. Für Hanna war das keine Frage. Natürlich durfte sie es.

Offenbar ist ihr das Loslassen gelungen. Hanna ist glücklich, dass alle Kinder eine Ausbildung gemacht haben und auf eigenen Beinen stehen. Sie ist nicht von jeder einzelnen Entscheidung der Kinder begeistert, aber das sei nicht schlimm, weil sie dafür nicht mehr verantwortlich sei. Wenn sie sich Sorgen mache, könne sie das ja mit Gott im Gebet besprechen. Hauptsache, sie halten alle zusammen.

Hanna hat ihr Bestes dafür getan, den Kindern Möglichkeiten zu eröffnen. Von ihren Eltern hat sie übernommen, dass alle Kinder Instrumente lernen konnten. Bei einem hat das dazu geführt, dass er heute unter anderem Klavier, Orgel und mehrere Flöten spielt, während ein anderer von dem vielen Geklimper zu Hause manchmal genervt war. Das ist in Ordnung für Hanna, so ist es eben.

Ihre Schwester betone manchmal, dass Hanna einen Vorteil habe, weil ihr Sohn mit im Haus lebt. Die übrigen Kinder sind relativ weit in Deutschland verstreut und könnten nicht einmal schnell hereinschauen. Und Hanna sagt: „Ich bin auch froh, dass er noch hier ist. Alleine könnte ich hier nicht bleiben." Er sei nicht nur verständnisvoll, sondern sehe ihr oft einfach an, was sie gerade brauche.

Vieles kann Hanna auch noch selber.

„Ich kann ja noch kochen" sagt sie. „Ich kann ja sogar noch was einkaufen. Ich habe ja noch ein Auto." Jetzt strahlt sie. Ihre Schwester hat es ihr geschenkt. Ihre kleine Rente hätte das nicht hergegeben. Sie fährt zum Zeitpunkt des Gesprächs nur noch bekannte Strecken und nur noch bei Tageslicht, aber zum Einkaufen reicht das.

Wir betrachten gemeinsam die Fotos an den Wänden. Einer der Enkel, die dort abgebildet sind, wurde gehörlos geboren. Auch das war erst einmal ein Schock, als die Familie es erfuhr. Und auch damit mussten sie den Umgang erst lernen. Die Kinder haben ihre eigenen Herausforderungen.

Ganz rechts hängen die ältesten Erinnerungen. Dazu gehören ein Luftbild des heute nicht mehr bestehenden Gartenbaubetriebes in Stedefreund und ein Landschaftsbild aus Ostpreußen, woher ihr Mann stammte.

Hannas Fazit nach unserem Austausch über die Bildergalerie: „Wenn's den Kindern gut geht, geht's uns Alten auch gut."

Worauf es ankommt

„Worauf kommt es wirklich an im Leben?", frage ich Hanna. „Was würdest du den Jüngeren empfehlen?"

Das weiß Hanna genau. Zugleich weiß sie genau, dass es für sie leichter gesagt ist, als es für viele umzusetzen ist.

„Dass sie alles unserem Gott überlassen sollen", sagt Hanna.

Offenbar meint sie damit nicht Untätigkeit, wie ihr eigenes Verhalten zeigt. Es geht ihr um das Vertrauen. Mit ihrem nächsten Satz bestätigt sie das.

„Und dass man ihm im Gebet alles sagen darf", erläutert sie. „Aber wie soll man das den Kindern erklären, wenn ich sage, man muss alles Gott überlassen? Ich habe meine Kraft im Gebet. Ich hab's aber auch gelernt. Das Beten will auch gelernt sein."

Mich beeindruckt, dass mir keinerlei Dogmatik entgegenschlägt, keinerlei ‚glauben *müssen*', sondern ausschließlich ‚glauben *dürfen*' als besondere Kraftquelle. Hanna hat dafür gesorgt, dass auch ihre Kinder christliche Freizeiten besuchen konnten, auf denen sie den Glauben positiv erlebten. Sie ist nicht bei allen Kindern gleichermaßen sicher, welche Rolle der Glaube für sie heute spielt, hofft aber, „dass sie den Weg gehen."

Außer Gottvertrauen nehme ich noch ein paar Empfehlungen besonders deutlich aus diesem Gespräch mit:

- Viel singen.
- In der Familie zusammenhalten.

- Schwierigkeiten, die sich nicht abstellen lassen, anpacken, statt sie zu beklagen.
- Mehr über das Gute reden als über das Schlimme, ohne es schönzureden.
- Sich mit dem, was man kann, für andere einbringen.
- Rückgrat zeigen und sich selbst treu bleiben, statt sich zu ducken.

Hanna stellt sich nicht als Heldin ihrer Geschichte dar. Sie hat die Arbeit getan, die getan werden musste, wurde dabei von Gott geführt und war von den richtigen Menschen umgeben. Ich denke daran, wie sie bei meiner ersten Anfrage „Wenn ich helfen kann, ..." sagte und am Schluss: „Ich hoffe, ich konnte ein bisschen helfen." Offenbar kann Hanna ganz wunderbar helfen. Nicht nur mir.

CHRISTEL B.: DAS LEBEN, EIN ABENTEUER

"Die größte Sehenswürdigkeit, die es gibt, ist die Welt – sieh sie dir an."
(Kurt Tucholsky)

Christel B. treffe ich bei unserer Verabredung an einem Freitag im Januar 2016 zum ersten Mal. Um 09.30 Uhr sollte ich bei ihr in Rodenkirchen in der Wesermarsch sein. Vormittags sei sie noch frischer, hatte mir Christel am Telefon erklärt. Da ich erst vor der falschen Haustür stehe, verspäte ich mich um ein paar Minuten. Schließlich bin ich angekommen, klingele und warte. Kurz darauf höre ich entfernt von drinnen: „Ich komme", und etwas später öffnet mir eine kleine Dame mit Brille und weißen Locken. Sie bittet mich fröhlich herein und geht mir voran eine ganze Reihe von Treppenstufen hinauf, über die wir schließlich in den Flur zu ihrer Wohnungtür gelangen. Dort nimmt Christel B. mich mit in ihre Küche, in der noch die Zeitung auf dem Tisch liegt. Hier sitze sie immer, erklärt sie. Die Wohnung sei fast 100 Quadratmeter groß, aber seit dem Tod ihres Mannes halte sie sich im Wohnzimmer nicht mehr auf. Da fehle jemand.

Schon bevor ich mich richtig vorgestellt habe, lachen wir viel und ich erfahre, dass sie fast 50 Jahre lang in Bremen Lesum gelebt hat und ihren Mann auf dem Bremer Freimarkt kennengelernt hat.

Start in Hinterpommern

Christel ist im November 1932 geboren worden, am gleichen Tag wie sieben Jahre zuvor ihr Bruder. Die ersten Jahre lebte sie mit der Familie in Märkisch-Friedland, einer Kleinstadt in Hinterpommern, die heute Miroslawiec heißt und im polnischen Verwaltungsbezirk Westpommern liegt. Der Ort hatte 1939 circa 2.700 Einwohner und lag 50 Kilometer südlich vom etwas bekannteren Kolberg. Christels Vater war Bäckermeister und hatte eine Pachtbäckerei im Ort, bis er sie im Frühjahr 1939 aufgab. Christel fragt sich, warum er mit seiner Familie in das Dorf

Bramstedt bei Bad Polzin zog, in dem doch nichts los war. Dort übernahm er wieder eine Pachtbäckerei, doch im September begann der Krieg und er wurde als einer der Ersten eingezogen.

In Märkisch-Friedland hatte der ältere Bruder einen kurzen Weg zur Mittelschule gehabt und musste nun, von Bramstedt aus, morgens um sieben Uhr aufbrechen, um mit dem Zug zur Mittelschule nach Falkenburg zu fahren.

„Und da sollte ich auch hingehen", sagt Christel. „‚Nein‘, sag' ich, ‚ich kann überhaupt nicht mehr spielen.'" Mittags gab es keinen Zug zurück. Deshalb saß ihr Bruder auf dem Bahnhof und machte seine Schularbeiten. Erst um vier Uhr nachmittags war er zu Hause.

„Und das wollte ich nicht", erklärt Christel. „Da bin ich auf der Dorfschule geblieben und ich hatte nachmittags Zeit zum Spielen. Das gefiel mir besser."

Ich stelle mir vor, wie die meisten heutigen Eltern auf diese Entscheidung ihrer Kinder reagieren würden, und frage noch einmal, ob sie das einfach so machen konnte.

„Mutter war das egal", antwortet Christel. „Vater war im Krieg." Auch sonst, meint sie, hätte er kaum etwas dagegen gehabt. Schließlich gingen die Mädchen damals in den Haushalt und so stellte er sich das auch für seine Tochter vor. „Aber ich hatte immer schon so einen Bürotick", fügt Christel hinzu. Wie sie ihre Büro-Vorliebe in die Tat umsetzen könnte, war zu diesem Zeitpunkt noch nicht abzusehen. Deutlich wird für mich schon an diesem Punkt der Geschichte: Vor mir sitzt eine Frau mit klaren eigenen Vorstellungen.

Aufbruch in den Westen

Die weitere Kriegsgeschichte bis 1945 fasst Christel mit einem Satz zusammen: „Dann haben wir gewartet, bis der Russe kam." Im März 1945 war es so weit.

„Eines Morgens wach' ich auf und sag' zur Mutter: ‚Was ist das denn?'", erzählt sie.

Ihre Mutter erklärte, die Russen seien jetzt bereits in Falkenburg. Von dort würden sie die Schießerei hören. Christels Mutter war auf diese Situation vorbereitet. Ihre Bekannte von der Bahn, Frau J., hatte sie und Christel als Verwandte angemeldet und so bekamen sie einen geschlossenen Zug. „Nicht diese einfachen

Loren", sagt Christel. „Oh, diese Gestalten, ich seh' die heute noch sitzen. Es war der 3. März, es lag Schnee."

Die Situation und das Datum scheinen sich bildhaft in ihr Gedächtnis eingegraben zu haben. Genau wie Christels Mutter hatte auch Frau J. nur noch ein Kind zu Hause, einen Sohn. Die Ehemänner und die älteren Kinder waren im Krieg. Am Bahnhof stand ein Zug mit Munition und die Menschen waren angespannt. Ihnen war klar, dass die russischen Soldaten einen Zug voller Munition sofort ins Visier nehmen würden.

„Wenn die wissen, dass da Munition ist, dann sind wir alle weg", erklärte der Sohn von Frau J. und lief mit einem anderen Jungen raus aufs Feld. Doch der Befehl an die deutschen Soldaten lautete: „Frauen und Kinder raus. Munition erst einmal liegen lassen." Und so sind sie mit dem Zug zunächst bis Bad Polzin gefahren.

„Der Bürgermeister stand da noch in voller Uniform auf dem Marktplatz und hielt jedes Auto an, um da noch irgendwo Frauen und Kinder reinzusetzen", erinnert sich Christel. Die Weiterreise bis Kolberg war nicht einfach, denn die Russen waren schon überall. Aus Christels Mund klingt das alles nach einer Abenteuergeschichte, während ich mich wundere, warum sie so wenig von der Angst spricht, die sie doch gehabt haben muss.

„Ich war zwölf Jahre, im 13. Lebensjahr. Man sah das ja nicht so eng", sagt Christel. Angst sei natürlich auch dabei gewesen, aber für ihre Mutter sei es viel härter gewesen. Schließlich hatten sie zu Hause alles stehen und liegen lassen und kaum Gepäck dabei.

„Für mich war das ja noch erlebnisreich. Es war ja auch noch interessant. Denn die Schießerei alleine ... das war man ja mit der Zeit gewohnt."

„Selbst daran gewöhnt man sich?", frage ich nach.

„Ja, ja, da gewöhnt man sich dran", antwortet Christel.

Die deutschen Soldaten brachten sie bis Kolberg. Dort wollte Frau J. wissen, wie es nun weitergehe, doch das wussten auch die Soldaten nicht. Sie wussten nur, dass sie versuchen wollten, sich durchzuschlagen – ohne Frauen und Kinder. Einige Tage saß die kleine Gruppe mit anderen Flüchtlingen im Bunker eines Autohauses in Kolberg fest.

„Wir müssen doch jetzt hier raus", drängte Frau J. „Wir wollen doch nicht beim Russen bleiben." Aber sie fürchteten sich, den einzig möglichen Weg übers Wasser zu nehmen und die Gruppe beschloss, noch etwas zu bleiben.

„Dann wurde Kolberg mit der Stalinorgel beschossen", sagt Christel. „Das ging ja Tag und Nacht, die Schießerei." Als ‚Stalinorgel' bezeichneten die Deutschen den russischen Mehrfachraketenwerfer, dessen Raketen wie Orgelpfeifen angeordnet waren. Vielleicht trug auch das pfeifende Geräusch beim Abschuss zu diesem Namen bei.

Die Situation spitzte sich zu. Zum Kochen brauchten die Flüchtlinge Wasser aus dem Fluss. „Da haben sie uns Kinder hingeschickt, und da haben sie uns den Eimer aus der Hand geschossen", erinnert sich Christel. Schließlich waren alle an dem Punkt, dass sie aufs Schiff wollten. Sie packten ihren wenigen Besitz zusammen und gingen zum Hafen.

„Ich hatte einen Rucksack und eine Tasche und die Mutter hatte eine oder zwei Taschen und auch einen Rucksack", sagt Christel. „Das war alles, was wir hatten." Der Hafen war voller Leute und wurde beschossen. Kein einladender Ort, wäre da nicht dieser kleine Ladekahn gewesen, der eine Möglichkeit zur Flucht bot.

„Da hieß es: ‚Nur für Bad Polziner", sagt Christel. „Aber da wir nur neun Kilometer von Bad Polzin wohnten, haben wir uns dazugerechnet." Außerdem war auch der Bäckermeister von Bad Polzin auf dem Schiff und Christels Vater hatte noch kurz in Bad Polzin als Bäcker gearbeitet. Natürlich gehörten sie dazu! Morgens ging die Fahrt in Kolberg los, immer dicht an der Küste entlang. Den ganzen Tag hockten sie im kleinen Laderaum und hörten immer wieder, wie die Soldaten draußen Eis hackten, damit es weitergehen konnte. Mehrfach liefen sie auf Grund. Drinnen sackte die Bank zusammen und der Sauerstoff wurde knapp. Abends kamen sie endlich in Swinemünde an. Frau J. hatte dort eine Cousine, bei der die vier Weggenossen völlig verdreckt ankamen.

„Wir konnten doch nicht zur Toilette", erklärt Christel. Und sie hatte auch noch Durchfall. Der Ladekahn sei schließlich nur ein Transportmittel für irgendwelche Sachen gewesen, kein Personenschiff. Zum Glück konnte die Cousine zwei Betten zur Verfügung stellen, eins für Frau J. mit ihrem Sohn und eins für Christel und ihre Mutter.

Swinemünde lag noch zu weit im Osten und so zogen sie zu Fuß weiter Richtung Pasewalk. So kamen sie nach Grabow, wo sie ein paar Tage mit anderen Flüchtlingen auf dem Fußboden einer Gastwirtschaft nächtigten. Dann hieß es, sie würden auf umliegende Bauern verteilt werden, auf die sie vor der Gastwirtschaft warten sollten. Eine Kutsche brachte sie nach Meierstorf, zu dem ein Gutshof und einige umliegende Bauernhöfe gehörten.

„Da haben dann zwei Bauern je zwei Personen haben wollen", sagt Christel. Sie kam mit ihrer Mutter bei dem einen Bauern unter und Frau J. mit ihrem Sohn bei dem anderen Bauern. „Da haben wir eigentlich so ganz gut gelebt", sagt Christel, die sich schnell wieder für alles Neue interessierte. Sie war glücklich, das Pferdefleisch probieren zu dürfen, das die Bauersfrau kochte.

Zum Einkaufen mussten sie in das etwa neun Kilometer entfernte Marnitz gehen. Dort trafen sie überraschend Christels Tante, die Schwester ihrer Mutter. Als die Bäuerin die Geschichte hörte, schlug sie Christels Mutter vor, die Schwester mit ihren Kindern einmal zum Essen auf den Hof einzuladen.

„Wovon denn?", fragte die Mutter, die nicht wusste, woher sie Essen für Gäste bekommen sollte.

„Ja, ich geb' Ihnen alles", antwortete die Bäuerin. „Sie können alles haben. Laden Sie sie ein."

So kam die Tante mit Doris und Dieter auf den Hof. Doris war ein Jahr älter als Christel und schon etwas mehr Dame. Aber der fünf Jahre jüngere Dieter stromerte mit Christel herum. Lachend erzählt sie von ihren Abenteuern: „Und da sind wir dann die Straße längs und da kamen die Tiefflieger und da sind wir von einem Graben zum anderen gelaufen."

„Ich stelle mir das beängstigend vor", werfe ich ein.

„Nee", sagt Christel, „Das war irgendwie aufregend. Mensch, da kommt ein Flugzeug – und schnell in den Graben!"

In Meierstorf haben sie es ausgehalten, bis auch dort die russischen Soldaten einmarschierten.

Von Meierstorf bis Hamburg

Christel erinnert sich genau. Die Russen kamen angetrunken vorne ins Haus. Einer wollte baden, ein anderer wollte Schnaps. Wieder war es Zeit zum Aufbruch. Die Tochter von Frau J., ehemals Flakhelferin, war in Meierstorf zu ihnen gestoßen und nun waren sie insgesamt zu fünft.

Vorne im Haus waren die Russen, tranken und johlten. In den Nebengebäuden wurden schon „reihenweise junge Frauen vergewaltigt." Das ist eine der Stellen in der Erzählung, in der das Grauen des Krieges hindurchblitzt. Was hat Christel geschützt? Ihre Mutter habe aufgepasst, dass ihr nichts zustößt.

„Sie hat mich immer mehr bei sich gehabt", sagt Christel. „Als der Russe kam, da biste ja von alleine nicht mehr weggegangen, da haste ja auch Schiss gehabt." Die Soldaten seien immer zu hören gewesen, immer besoffen, und hätten die Pistole immer griffbereit gehabt.

Bauernsohn Fidi lief hinten um die Höfe herum, um Frau J. Bescheid zu geben. Aus deren fertig gepackten Sachen hatten die Russen alles wieder herausgewühlt. Sie hatte sich nur ein paar Mäntel schnappen können und für ihre beiden Kinder nicht viel dabeigehabt.

„Da haben wir unsere Sachen hinten aus dem Schlafzimmerfenster gehoben", erzählt Christel. „Vorne haben die Russen gesoffen." Mir fällt wieder auf, wie präsent die Bilder noch sind. „Und dann sind wir übers Feld gelaufen und rein in den Wald. Dort haben wir gesessen und den Abend abgewartet."

Sie schliefen in einer Fichtenschonung und hörten rundherum die Schießerei und die Schreie von den Frauen.

„Das war grausam", sagt Christel. Trotzdem meint sie, als Kind habe sie das nicht so dramatisch gesehen, wie sie es heute einschätzen würde.

Im Dunkeln gingen sie weiter Richtung Parchim. Unterwegs trafen sie auf eine Gruppe von 16 deutschen Soldaten. Die Gasmasken und andere unnötige Ausrüstung hatten sie fortgeworfen. Aber sie hatten etwas Besseres in ihren Behältern: Nudeln und Zucker.

„Irgendwo hatten sie das gefunden", sagt Christel und lacht herzlich über diese Zusammenstellung.

Auf dem gemeinsamen Weg schloss sich Christel als Jüngste dem ältesten Soldaten an, der wohl über 60 Jahre alt war. Sie konnten beide nicht mehr laufen und bildeten das Schlusslicht. Anfangs liefen sie vor allem im Dunkeln, um nicht entdeckt zu werden.

„Da sind wir dann alle im Gänsemarsch durch den Wald marschiert. Einer fasste dem anderen auf die Schulter. Und wo jeder stand, hat er sich hingepackt und wir haben geschlafen."

Nach einiger Zeit trauten sie sich auch tagsüber auf die Waldwege und kamen so in die Nähe von Parchim. Auch dort waren die Russen und überall war die Schießerei zu hören. Zum ersten Mal begegneten der Gruppe hier deutsche Männer, die von den Russen weiße Armbinden bekommen hatten und als eine Art Ersatzpolizei eingesetzt wurden. Diese Männer überredeten die Gruppe, nach Parchim zu gehen. Sie versprachen, dort würden die Soldaten offiziell entlassen, bekämen einen Stempel und könnten nach Hause.

Ob sie das selbst glaubten? Jedenfalls war die Aussicht verlockend genug und die Flüchtlinge gingen mit ihnen nach Parchim. Dort fanden sie ein wüstes Durcheinander vor und tote Pferde lagen auf der Erde. Die Soldaten kamen direkt ins Lager, wo sie mit Pistolen bewacht wurden. Was auch immer dort passierte, es dauerte lange. Während die Frauen mit ihren Kindern warteten, rollten russische Panzer vorbei, auf denen russische Frauen saßen. Sie riefen den Wartenden zu, sie sollten nach Russland kommen, dort sei es schön.

„Sie riefen auf Deutsch?", frage ich nach.

„Ja, weiter konnten sie vielleicht nichts, aber das wurde ihnen wohl irgendwie eingebläut", vermutet Christel.

Zunächst warteten die Fünf weiter auf die Soldaten, wie sie es vereinbart hatten, doch schließlich gingen sie zum Lager. An ihre Wegbegleiter kamen sie nicht heran, sondern wurden sofort mit Waffen bedroht. Von Weitem rief ihnen einer der deutschen Soldaten zu, sie sollten alleine weiterziehen. Christel geht davon aus, dass sie die Soldaten ‚kassiert' hatten, um sie nach Russland zu bringen.

Sie trafen ein Ehepaar aus Holland, mit dem sie ein Stück gemeinsam gingen. Beim nächsten russischen Posten wurde das Ehepaar anstandslos durchgelassen, während andere zurückgeschickt wurden. Sofort wurde Christels kleine Gruppe mit Fragen bestürmt, was denn das Ehepaar gesagt hätte. Der Posten fragte jeden ‚Wohin?' und die beiden hatten natürlich ‚Holland' geantwortet.

„Und da waren wir alles Holländer", sagt Christel. „Da wollten wir alle nach Holland." So kamen sie am Posten vorbei.

Als sie in Brenz ankamen, waren sie bereits mehr als zwei Monate unterwegs. Bei einem Bauern baten sie um Unterkunft, aber im Haus war kein Platz mehr. Nur den Heuboden konnte er noch anbieten. Dort haben sie einige Tage campiert. Es war Mai und das erste Heu war frisch eingefahren.

„Es war schön, der Duft", erinnert sich Christel. „Aber man kriegte Kopfschmerzen." Im nächsten Moment lacht sie, weil ihr wieder eine komische Erinnerung kommt. Zu Hause hatten sie Regenwürmer ‚Piratzen' genannt. Der drei Jahre ältere Alfred und sie hatten sich schnell mit Kindern aus dem Dorf angefreundet und als sie von ‚Piratzen' sprachen, riefen die: „Mensch, die sprechen schon Englisch."

Kurze Zeit bestand die Hoffnung, endlich ankommen und heimisch werden zu können. Es hieß, das Dorf sei amerikanisch besetzt. Doch auf der Kommandantur erfuhren die Mütter, dass nach aktuellem Verhandlungsstand die Russen bis zur Elbe kämen.

„Das hieß für uns: Wieder weiter", stellt Christel fest.

Sie liefen bis Boizenburg und weiter nach Lauenburg. Nur noch die Elbe trennte sie vom amerikanisch besetzten Gebiet. Doch der amerikanische Posten ließ niemanden passieren. Alle Flüchtlinge waren auf den Wiesen verstreut. Die Schuhe waren vom vielen Laufen kaputt und so war Christel froh, als sie ein paar Holzpantoffeln fand, in die sie wechseln konnte.

In der Nacht hörten sie Hilferufe. Einige Männer hatten versucht, die Elbe mit ihren Pferden zu überqueren und dabei musste etwas schiefgegangen sein. Am nächsten Morgen trieb ‚der Amerikaner' sie zusammen.

„Wie Vieh wurden wir zusammengepfercht und mussten dann folgen", sagt Christel. Insgesamt schienen ihr die amerikanischen Besatzer jedoch menschlicher und umgänglicher zu sein als die russischen. Besonders gegenüber Kindern waren sie freundlich. In LKWs wurden sie ins ehemalige Konzentrationslager Geesthacht gebracht, wo man sie verpflegte. Leider sei von den zwei ‚KZ-Schüsseln', die sie mitgenommen haben, nur noch eine heile, meint Christel. Aber die hat sie heute noch. Ich frage, ob sie als Kind wusste, was dort im KZ passiert war. Christel beantwortet das mit einem erstaunten „Nein" und geht nicht weiter auf das Thema ein. Sie fährt in ihrer Geschichte fort. Frau J. erfuhr von den wachhabenden Soldaten, dass es keinen weiteren Plan gab.

„Ihr seid doch frei. Ihr könnt doch gehen", sagten sie ihr. Das ließ sie sich nicht zweimal sagen. Die kleine Gruppe ging zu Fuß weiter nach Bergedorf. Sie mussten an einem Lager von Polen vorbei und wurden gewarnt: „Die Polen plündern euch aus."

„Aber uns hat keiner ausgeplündert", sagt Christel.

Endlich war Bergedorf erreicht. Am Ortseingang waren im Saal einer Gastwirtschaft Etagenbetten aufgestellt. Beide Mütter und Lottchen, die Tochter von Frau J., gingen im Haushalt arbeiten. In der Hamburger Gegend sollten sie bleiben, meinte Frau J. In der Großstadt hätten ihre Männer nach der Rückkehr die besten Chancen, Arbeit zu finden. Frau J. war eine alte Berlinerin, die die Dinge forsch in die Hand nahm. Doch sie bekamen keinen Zuzug und konnten nicht ansässig werden.

Kurz drängt sich uns im Gespräch der Vergleich mit der Situation der aktuellen Flüchtlinge in Deutschland auf. Christel graust bei der Vorstellung, sie hätten damals nicht einmal Deutsch gekonnt. Darum musste sich bei ihnen niemand kümmern.

„Aber um unser seelisches Wohl, da hat sich auch niemand gekümmert", sagt Christel. „Ich habe noch 40 Jahre davon geträumt. Ich habe nachts um Hilfe gerufen." Ganz nachgelassen haben die Albträume erst 2003.

Wieder einmal packten sie ihre Sachen. Erst sollte die Mutter noch ins Krankenhaus. Sie war von den Wanzen zerfressen, die sich im KZ getummelt hatten. Während die anderen bei der Arbeit waren, musste Christel jedes Bett auseinandernehmen und auf Wanzen untersuchen. Das Ergebnis: Sie hatten sie nicht mit eingeschleppt und die Spuren bei der Mutter gingen von alleine zurück.

Von Bergedorf aus machten sie sich – wieder zu Fuß – auf den Weg Richtung Bremen. Auf dem Bahnhof von Rotenburg/Wümme ruhten sie sich aus. Überall waren amerikanische Soldaten und Christel erlebte eine besondere Begegnung.

„Ich bin da rausgegangen und hab' mir das angeguckt, weil ich ja so ein bisschen neugierig war", erzählt sie. „Ich wollte ja sehen, wie das überall so ist. Und da schenkte mir ein Amerikaner eine Schnitte Weißbrot!" So wie Christel das betont, klingt es, als hätte sie einen Barren Gold bekommen. Wahrscheinlich hat es sich auch so ähnlich angefühlt. Stolz ist sie mit ihrer Weißbrotschnitte zu Alfred und Lottchen gelaufen.

„Guckt mal, was ich hier habe", rief sie und verzehrte dann mit den beiden den Schatz. Noch einmal betont sie, was für ein Geschenk das war. Nicht eine Sekunde scheint ihr in den Sinn zu kommen, dass sie es auch alleine hätte genießen können. Vermutlich hätte sie es weniger genossen, wenn sie nicht geteilt hätte.

Als ehemalige Mitarbeiterin vom Bahnhof Bramstedt kannte Frau J. sich aus und stellte sich auf den Bahnhöfen immer sofort als Kollegin vor. Auch ihr Sohn Alfred hatte bei der Bahn gearbeitet, musste seinen Eisenbahnermantel aber trotz der Kälte ohne Knöpfe tragen. Die Russen hatten immer wieder seine blanken Knöpfe angefasst und gesagt: „Du Offizier." Daraufhin hatte Frau J. die Knöpfe abgeschnitten. Das Risiko, dass ihr Junge als vermeintlicher Offizier abgeführt wurde, war ihr zu groß. Christel schüttelt noch heute den Kopf darüber. Obwohl Alfred drei Jahre älter war, war er kleiner als Christel.

„Er sah noch aus wie so ein kleiner Bubi", sagt sie. „Und den haben die wegen der Knöpfe für einen Offizier gehalten!"

Endlich ankommen

Der Zug brachte sie von Rotenburg/Wümme nach Bremen. Dort ging Frau J. wieder direkt zu den Kollegen bei der Bahnmeisterei. In Bremens Innenstadt gab es keine Chance auf Unterkunft, erfuhr sie. Sie sollten es in Bremen Nord, im Stadtteil Burg, versuchen. Sie stiegen wieder in den Zug, der vor der zerstörten Lesum-Brücke halten musste. Es gab nur eine behelfsmäßige Brücke mit einem Posten, dem die Passanten irgendwelche Papiere zeigten. Waren es Ausweise? Würden sie wieder in ein Lager geschickt, wenn sie nicht die richtigen Papiere hatten? Vorsichtshalber, beschlossen sie, würden sie nicht hinübergehen. Stattdessen gelangten sie auf einem Trampelpfad unten an der Bahnlinie entlang nach Bremen Lesum. Dort warteten die Kinder an der Bahn, während die Mütter zur Polizei gingen. Es war Sonntag, ein schlechter Tag für die Suche nach einer Unterkunft. Bei Bauer Mahlstedt könnten sie es versuchen, schlugen die Polizisten vor, obwohl der wahrscheinlich auch voll sei. So war es, alles belegt. Das einzige, wo die Bäuerin noch ein Dach über dem Kopf bieten konnte, war der Schweinestall. Etwas anderes hätten sie am

Sonntag nicht mehr gefunden, also schliefen sie zwei Nächte bei den Schweinen.

„Und die grunzten so schön", sagt Christel und lacht.

Ich stelle mir vor, wie die gleiche Geschichte bei einer Erzählerin mit anderer Grundeinstellung klingen würde – hart und entbehrungsreich. Hier höre ich: interessant und abwechslungsreich.

Es war Zeit, endlich irgendwo zu bleiben. Im Wohnungsamt erfuhren sie, dass es am Steindamm eine Möglichkeit für zwei Personen gab. Das reichte nicht. Doch Frau J. hatte einen Bezugsschein bekommen. Ihre Schuhe waren durchgelaufen und sie durfte zum Schuster ‚Opa Gails' gehen. Für zwei Personen hätte er auch etwas, sagte der. Der Sohn sei noch im Krieg und ein Zimmer müsse er abgeben. Die Schwiegertochter musste mit ihren beiden Jungen in ein Zimmer ziehen. So kamen Christel und ihre Mutter in Bremen Lesum bei Opa Gails, dem Schuster, unter. Endlich ging die lange Reise zu Ende. Oma Gails suchte etwas Geschirr für sie heraus, das sie entbehren konnte. Die Kaffeekanne von damals existiert heute noch als Sammelstück in Christels Familienumfeld.

1946 kehrte Christels Vater zurück. Er war in Russland gewesen, konnte sich in den Westen absetzen und landete zunächst in Lüneburg. Dort wurde der Bäcker vorläufig als Heizer eingesetzt. Hauptsache erst einmal wieder auf die Beine kommen. Wie sich die Eltern wiedergefunden haben, weiß Christel nicht, möglicherweise durch das Rote Kreuz.

Zunächst zog auch Christels Vater zu Opa Gails, aber das Zimmer war für drei Personen zu klein. Schließlich bekamen sie eine Wohnung mit zwei Zimmern. Christel teilte sich ein Zimmer mit ihrem Bruder, als der kurz vor Weihnachten aus Norwegen zurückkehrte. Die Eltern schliefen in der Küche. Es war der kalte Winter 1946/47. Die Wände in der Wohnung waren voller Eis und es war klar, was sie brauchten: eine Brennhexe. Darin konnte man verschiedene Materialien verbrennen. Unten wurde die Asche aufgefangen, oben konnte man einen Topf einsetzen. Die Brennhexe brachte etwas Wärme und eine einfache Kochmöglichkeit in viele Notunterkünfte nach dem Krieg. Eine nahe gelegene Schmiede stellte Brennhexen her und Christels Mutter konnte es kaum erwarten, auch so ein Gerät zu bekommen.

Mit der spärlichen Kohlenzuteilung kam die Familie nicht weit. Das Brennmaterial besorgten Christel und ihr Bruder, indem sie das Trockene aus einer Hecke an Dodts Sommergarten in Platjenwerbe herausbrachen. In der übrigen Zeit verkrochen sie sich unter ihren Bettdecken und lasen. Unten wohnte Frau Schulz, Ausgebombte aus Bremen. Die hatte gute Bücher. Was für Bücher es waren, weiß Christel nicht mehr. Es war auch egal, Hauptsache Bücher. Bücher waren gut und sonst gab es wenig Gutes. In der Haushaltsschule sollten sie Anfang 1947 einen Aufsatz zum Thema ‚Mein schönstes Weihnachtserlebnis' schreiben.

„Und ich hatte doch kein Schönes", sagt Christel. Ihr fiel nur ein, dass ihr Bruder nach Hause gekommen war. „Und da habe ich das so umgedichtet, als wär' er gerade Heiligabend nach Hause gekommen."

Sonst war Weihnachten nicht schön? Nein. Es herrschten dieser extreme Mangel und die extreme Kälte, die alles bestimmten. Auch ihre Konfirmation im Jahr 1947 sei nicht schön gewesen.

„Ach, mein schönstes Konfirmationsgeschenk weiß ich jetzt", sagt Christel fast im gleichen Atemzug. Nebenan habe es einen Bäcker gegeben, bei dem ihr Vater ab und zu ausgeholfen habe. Viel Arbeit gab es dort nicht, Brot war sehr rationiert.

„Aber ich bekam ein Brot zur Konfirmation", fährt sie fort und strahlt. „Das war mein schönstes Konfirmationsgeschenk."

Zufällig habe ich kurz zuvor die Geschichte ‚Das Brot' von Heinrich Böll gelesen. In diesem Gespräch taucht das Brot schon zum zweiten Mal als besonderes Geschenk auf. Ich hoffe, nicht mehr zu vergessen, wie wertvoll ein Brot sein kann.

Außerdem habe die Mutter Kuchen gebacken, aus Maismehl. Christel will nicht den Eindruck vermitteln, als hätte sich niemand um ihre Konfirmation gekümmert.

Folgenreiche Freimarktbesuche

1948 wurde es nach Volks- und Haushaltsschule Zeit für Christels Lehre. Doch Lehrstellen waren knapp. Christels Freundin wollte Schneiderin werden, aber die hatte eine Zwei in Handarbeit und Christel nur eine Drei. Direkt von der Schule aus fuhren die beiden gemeinsam zum Bremer Arbeitsamt, wo sie ihren Berufswunsch in ein Formular eintragen mussten. Am liebsten wollte Christel ins Büro, aber das hätte ihr Vater nicht gerne gesehen. Sie sollte etwas Handwerkliches lernen.

„Und da hab ich gesagt: ‚Dann werd' ich Friseuse'", erklärt Christel. Weder sie noch ihre Freundin wussten, wie man das schreibt, aber irgendwie hat Christel es eingetragen. Die zuständige Sachbearbeiterin sah sich das Formular und dann Christel an. Ob Christel schon einmal eine Friseuse mit einer Brille gesehen habe, fragte sie. Nein, Christel hatte überhaupt noch keine Friseuse gesehen.

„Die beschlägt Ihnen doch beim Waschen", erklärte die Sachbearbeiterin. „Zeigen Sie mal Ihre Zeugnisse ... Ja, wollen Sie denn nicht ins Büro?"

„Oh ja, liebend gerne", rief Christel.

Sie bekam eine Lehrstelle bei einem Versicherungskaufmann in Bremen Findorff angeboten. Zum Vorstellungsgespräch fuhr sie alleine und ihr war schnell klar, dass sie am richtigen Platz war, als sie hörte, wie ihr zukünftiger Chef telefonierte.

„Da ging es um Promille und Prozente", sagt sie. „So was mochte ich schon immer gerne."

Sie machte dort ihre dreijährige Lehre zur Versicherungsangestellten – und erkundete den Bremer Freimarkt. Das uralte Volksfest fand jährlich auf der nahe gelegenen ‚Bürgerweide' statt. Jeden Abend gingen sie mit vier bis fünf Kollegen dorthin.

„Da war ja die Pferdewurst so billig", sagt Christel.

Beim Wurstverkäufer Sonnenberg, mit dem sich der Chef gut verstand, bekamen sie immer einen Sitzplatz. Als sie dann am Wochenende mit ihren Eltern dort war, erkannte er sie wieder und sie durfte mit ihren Eltern in seinem Wohnwagen sitzen und Wurst essen. Am liebsten mochte Christel die Buden, in denen etwas vorgeführt wurde. Das gebe es heute ja so nicht mehr, bedauert sie. Wenn ihre Eltern keine Lust auf Freimarkt hatten, ging sie alleine hin und berichtete ihnen abends, was sie alles gesehen hatte. Wieder sprüht sie vor Begeisterung bei der Erinnerung. Ohne Zweifel strahlte sie diese Begeisterung auch damals aus und fiel einem jungen Mann auf. Es muss bei ihrem zweiten Freimarkt gewesen sein, meint Christel, vermutlich 1954.

„Da war hinter mir immer so ein junger Mann", erinnert sich Christel. „Der grinste mich immer so an. Und ich dachte: ‚Was will der denn von mir?'"

Sie kamen ins Gespräch und Christel erfuhr, dass er in Oslebshausen lebte. Sie selbst fuhr täglich mit dem Zug zwischen Lesum und Findorff hin und her. Schließlich brachte er sie zum Bahnhof neben dem Freimarktgelände und zog zum Abschied den Hut, wie ordentliche junge Männer das damals machten. Christel lacht.

Mit dem Fahrrad habe er sie zu Hause in Lesum besucht. „Und dann ging das weiter und weiter und weiter, bis wir so weit waren, dass wir heiraten wollten", sagt Christel. Nach ihrer Trauung im Jahr 1955 bekamen sie zunächst zwei Zimmer oben im Behelfsheim seiner Eltern. Dort lebten sie anfangs auch noch mit ihrer Tochter, die 1956 geboren wurde. Für Drei war es sehr klein, es gab keine Isolierungen und statt Glasfenster teilweise noch „so ein mit Draht durchzogenes Zeug". 1957 kauften Christels Eltern ein Haus in Bremen Grambke. Dort bekam die junge Familie das große Schlafzimmer, in das auch ein Kinderbett passte. Doch den Wohnbereich nutzten sie mit ihren Eltern gemeinsam.

„Und das ist nicht so ideal", sagt Christel. Sie brauchten etwas Eigenes. Sie mieteten eine bereits hochwassergeschädigte Wohnung, weil sie mit der Kleinen lieber ins Erdgeschoss wollten. Das Wasser würde schon nicht kommen. „Wären wir man nach oben gezogen", sagt Christel heute. „Nachher waren wir doch oben. Da haben die Leute oben uns aufgenommen, als wir unten in der Wohnung das Wasser hatten." Einen Meter zwanzig hoch stand es damals in ihrer Wohnung.

Die Toiletten waren draußen im Hof. Nachdem das Wasser wieder verschwunden war, suchte der Hauswirt die weggeschwemmten Toilettentüren im ganzen Ort und schließlich fand sich alles wieder an.

1958 wurde Christels Sohn geboren und sie kehrte nicht mehr ins Büro zurück. Eigentlich hätte sie später ganz gerne wieder gearbeitet, aber ihr Mann hielt davon nichts. Er hatte Schichtdienst und es war ihm wichtig, das Essen nicht nur hingestellt zu bekommen. Zuerst sei sie davon nicht begeistert gewesen, habe sich aber daran gewöhnt, erzählt Christel. Sie genoss die nette Nachbarschaft in dem Wohnblock, in dem sie mittlerweile lebten.

Christels Mann durchlief anfangs verschiedene berufliche Stationen. Zunächst hatte er eine Schlachterlehre begonnen.

Doch der Schlachter erhängte sich und bei dessen Nachfolger wollte er nicht bleiben. Bei Lloyd Motoren kam er danach als Schweißer unter. Dieses Unternehmen bekam Schwierigkeiten, als der Bremer Autobauer Borgward sein Geschäft aufgeben musste. Schließlich landete Christels Mann, wie ein Großteil der übrigen Familie, bei Mobil Öl, bis das Unternehmen nach Wilhelmshaven umzog. In der Klöckner-Hütte bekam Christels Mann zunächst eine Stelle als Wachmann, dann aber eine ähnliche Aufgabe wir vorher bei Mobil Öl.

„Da hat er dann Luft gemacht", sagt sie. Die Hochöfen des Stahlwerkes mussten mit Sauerstoff versorgt werden und er habe die Luftzufuhr geregelt. Christels Mann blieb bei Klöckner, während sie sich um die Kinder und den Haushalt kümmerte. Die Kinder gründeten schließlich selbst Familien und Christel und ihr Mann mussten sich auf das Alter einstellen.

Sich auf das Alter einstellen

Ihre Tochter zog mit ihrem Mann schon vor den Eltern nach Rodenkirchen-Stadland. Sie hatte ihre jetzige Vermieterin beim Turnen kennengelernt und von der freien Wohnung erfahren. So eine Wohnung hätten sie auch gerne einmal, stellten die Eltern fest, als sie das Paar in Rodenkirchen besuchten. Ein Jahr später wurde die Wohnung darüber frei und sie nutzten die Gelegenheit. Christels Tochter muss heute nicht einmal das Haus verlassen, wenn sie nach ihrer Mutter sehen will und doch hat jeder sein Reich. Auch der Sohn, der ein eigenes Haus gebaut hatte, hätte die Eltern bei sich aufgenommen, doch das wollte Christels Mann schon wegen des Zigarettenrauchs nicht. Er hatte selbst lange geraucht, hatte jedoch auf Anraten seines Arztes damit aufgehört. Auch die Wohnung in Rodenkirchen erschien Christels Mann nicht perfekt. Vorher hatten sie lange Spaziergänge durch Knoops Park bis Ihlpohl gemacht und hier konnte man nur am Deich auf und ab laufen.

„Wir müssen an unser Alter denken", hielt Christel dagegen und setzte sich durch. Sie hat es bis heute nicht bereut. „Ich werde beobachtet, bemuttert und bevatert." Christel lacht herzlich. „Besser kann ich's nicht treffen."

Heute hat Christel vier Enkel und zwei Urenkel und freut sich darüber, dass sie alle gesund sind. Ihr Mann starb 2008 an

Krebs. Seitdem hat sie nie wieder im Wohnzimmer gesessen. Ihr komme es vor, als sei dort alles fremd ohne ihn.

Ich sitze am Küchentisch und versuche, die widersprüchlichen Eindrücke zu sortieren. Vor mir sitzt eine Frau, die mir begeistert, energiegeladen, spritzig und humorvoll aus ihrem Leben erzählt hat. Dabei waren die Rahmenhandlung und die Umstände der Geschichte so schwierig und erschreckend, wie ich sie mir trotz aller Filme und Nachrichten kaum vorstellen kann. Ich frage Christel, wie es wohl kommt, dass sie mir von so vielen Schwierigkeiten wie von einem großen Abenteuer erzählt.

Das sei gar kein Wunder, meint sie. Schließlich seien sie, als sie zur Schule kam, nach Bramstedt gezogen – und in diesem Dorf sei einfach nichts los gewesen. Sie scheint zu denken, wer in einem solchen Dorf lebe, müsse das Abenteuer suchen. Einmal hätte sie dort eine Zahnbehandlung gehabt und hinterher kamen die Schmerzen. Daraufhin habe man sie zum Zahnarzt nach Bad Polzin geschickt. Das erste Mal war die Mutter dabei, aber dann nicht mehr.

„Und da durfte ich immer mit dem Zug alleine nach Bad Polzin fahren." Christel strahlt mich an.

Heute traut sie sich nicht mehr zu reisen. Vor zwei Jahren hat sie sich bei einem Sturz die Schulter gebrochen, davor schon einmal das Handgelenk. Sie kann nicht einmal genau sagen, wie es passiert ist. Irgendwie sei sie einfach umgekippt – und das könne ja jederzeit wieder passieren. Auch die Krampfadern machten Schwierigkeiten, mit denen sie nie gerechnet hätte. Doch schon lacht sie wieder und erzählt, ihre Nichte habe ihr den Rollator ihrer verstorbenen Mutter gegeben. „Seitdem der hier steht, brauche ich keinen mehr."

Christel beschränkt sich jetzt auf kleinere Ausflüge nach Brake oder Nordenham und geht viel spazieren. Nachmittags laufe sie ungefähr eineinhalb Stunden, das sei gar nichts. Lange Zeit hat ihre Nichte Zeitungsausschnitte für sie gesammelt, in denen stand, was in Burgdamm Neues entstanden ist. Christel ist dann hingefahren und hat sich das angesehen. Auch die Kanone, die in Elsfleth auf dem Marktplatz steht, habe sie sich angeschaut.

„Musst doch mal gucken, was das ist", habe sie sich gesagt und ist hingefahren.

Der Radius, in dem sie sich bewegt, wird kleiner, aber sie bleibt nicht in ihrer Wohnung hocken.

Worauf es ankommt

Ich frage Christel, was denn bei dem Ganzen die größten Höhepunkte waren.

„Dass wir hier erst mal eine Unterkunft hatten", antwortet sie. „Dass man endlich mal wusste, wo man hingehörte." Weitere Höhepunkte zählt sie flott auf: den Mann kennenlernen, die Hochzeit, die Geburt der Kinder.

„Da bin ich auch mit allem sehr zufrieden", sagt Christel. Kinder, Enkel, Urenkel, alle seien gesund und das sei durch nichts zu ersetzen.

Wie sieht es mit den größten Krisen aus?

„Da denkt man nicht dran!", sagt Christel. Vieles vergesse sie auch. Manchmal habe sie einen Tiefpunkt, wenn sie die aktuellen Grausamkeiten im Fernsehen und in den Zeitungen sehe. Da helfe ihr dann der Optimismus ihrer Tochter. Zwar ist auch Christel damals mit ihrer Familie hierhergekommen, ohne irgendetwas zu haben. Doch die Sprache habe sie gekonnt. Das sei so ein Handicap für die aktuellen Flüchtlinge.

Ihre beste Entscheidung war es, meint Christel, in die jetzige Wohnung zu ziehen und rechtzeitig ans Alter zu denken.

Was würde Christel uns empfehlen? Worauf kommt es an?

Hier zögert sie mit der Antwort. Mit *allem* zufrieden zu sein, sei es nicht. „Aber man muss zufrieden sein und man muss eben jeden Augenblick genießen, der gut ist. Es gibt ja auch schlechte Tage. Die muss man wegstreichen." Christel lacht. „Nur was gut ist, das soll man besonders genießen."

„Also nicht so viel grübeln, was alles schlecht ist?", frage ich nach.

„Ach nein, um Gottes willen", ruft Christel. Dann lenkt sie ein, dass ihr genau das inzwischen manchmal passiere. In so einem Fall hätte sie ihrem Arzt schon einmal scherzhaft vorgeschlagen, ihr einfach irgendeine aufmunternde Spritze zu geben, aber damit sei der nicht einverstanden gewesen. Und am nächsten Tag sei auch wieder alles ganz anders.

Auch hier nehme ich einige indirekte Empfehlungen mit:
- Offen bleiben für Neues und die Umgebung unvoreingenommen entdecken.
- Sich für ‚Kleinigkeiten' begeistern – und wenn es das gemütliche Grunzen der Schweine ist.

- Dankbar sein für Menschen, die einem großzügig begegnen oder einen in schwierigen Situationen zum Lachen bringen.
- In Bewegung bleiben, auch wenn der Radius kleiner wird.

Nur die Empfehlung, erlebte Grausamkeiten zu streichen, werde ich nicht so übernehmen. Ich möchte mir bei solchen extremen Belastungen therapeutische Unterstützung gönnen.

Der Kern des Gesprächs war für mich, was Christel so formuliert hat: *Jeden guten Augenblick voll auskosten.* Sobald sie eine schwierige oder erschütternde Situation erwähnte, hat sie sogleich erzählt, was trotzdem gut war, funktioniert hat oder wer sich gekümmert hat.

Bevor ich gehe, will ich ihr noch meine Adresse aufschreiben. Christel geht zum Telefon und lacht über ihre Notizzettel, die daneben liegen. Es sind zerschnittene Kalenderblätter, deren Rückseiten frei waren. Natürlich könnte sie einen Notizblock kaufen. Es käme ihr nur so unsinnig vor, die Blätter mit leeren Rückseiten einfach wegzuschmeißen.

EGON W.: ENTSCHEIDEN UND VERTRAUEN

„Alles, was ihr bittet in eurem Gebet, glaubt nur, dass ihr's empfangt, so wird's euch zuteilwerden." (Die Bibel, Markus 11, 24)

Egon W. ist durch und durch Wuppertaler. Mit ihm treffe ich mich nachmittags an einem verschneiten Januar-Sonntag im Sofaraum der Landeskirchlichen Gemeinschaft, dem schon bei Hanna S. erwähnten Verband evangelischer Christen, der viel Wert auf den Zusammenhalt und den Glauben im Alltag legt. In meinem Kopf spuken noch frisch die detailreichen Flucht-Erzählungen von Christel B. herum. Ich bin überzeugt, dass die Dreiviertelstunde, die ich mit Egon W. Zeit habe, nie im Leben reichen wird. Deshalb stelle ich mich am Anfang nur sehr knapp vor und kläre gleich, ob ich ihn hinterher noch einmal anrufen darf. Denn nach Wuppertal ist es eine lange Fahrt.

Egon sitzt mir im grauen Jackett und orangefarbenen Hemd schräg gegenüber auf einem der Sofas und macht einen durch und durch entspannten Eindruck. Seine Ausstrahlung ist offen und herzlich.

Wegen der gefühlten Zeitknappheit bitte ich ihn ohne lange Vorrede, etwas aus seinem Leben zu erzählen – wann und wo er geboren und wie er aufgewachsen ist.

Geradlinig durchs Finanzamt

Egon wurde 1935 geboren und gehört damit zu meinen jüngeren Gesprächspartnern. In einem ähnlichen Tonfall wie mein Düsseldorfer Onkel erzählt er, er sei ganz unspektakulär aufgewachsen: in Wuppertal-Elberfeld geboren und nie über die Grenzen von Elberfeld hinausgekommen. Ich werfe ein, dass man durchaus hört, dass er dort verwurzelt ist, und wir lachen.

Von 1935 springt er direkt nach 1952. Da habe er seine mittlere Reife gemacht. Auf meine Frage nach Geschwistern sagt er, er hätte einen sechs Jahre älteren Bruder gehabt, der inzwischen verstorben sei. Egon geht beim Erzählen nicht chronologisch, sondern thematisch vor. Er startet mit Ausbildung und Beruf. Zuerst wollte Egon W. Elektroingenieur werden.

„Aber es hat nicht hingehauen", sagt Egon. „Meine Bewerbung war mathematisch nicht ausreichend – und mein Fleiß wahrscheinlich auch nicht." Er lacht.

Der wegweisende Vorschlag für die berufliche Laufbahn kam von seiner Mutter. Ihr sei beim Beten die Idee gekommen, er sollte sich bei der Finanzverwaltung bewerben. Zwar hatte Egon W. die Finanzverwaltung von innen noch nie gesehen, doch er bewarb sich. Es war ein Volltreffer. Egon wurde zum Vorstellungsgespräch eingeladen und bekam den Ausbildungsplatz. Offenbar habe er sich da „ganz gut gemacht", meint Egon, denn ihm wurde vorgeschlagen, eine höhere Laufbahn einzuschlagen. Für die erforderlichen Aufstiegsprüfungen war er fleißig genug, er bestand sie.

„Und das war auch in Elberfeld?", frage ich nach.

„*Alles* in Elberfeld", betont Egon und lacht herzlich. „Ja, das war alles in Elberfeld, obwohl das heute gar nicht mehr möglich wäre."

Nach und nach arbeitete Egon W. sich im Finanzamt hoch, wechselte in den gehobenen Dienst und bekam immer mehr Verantwortung.

„Ich hab' also – relativ – Karriere gemacht", sagt er und überlegt kurz. „Obwohl ich nie ein Streber war!" Er lacht wieder.

Ein fröhlicher, gemütlicher und bescheidener Mensch, denke ich.

Wenn es nicht der Ehrgeiz eines Strebers war, was hat ihn dann beruflich vorangetrieben? Was hat ihm solche Freude gemacht?

„Freude hat mir gemacht – der Umgang mit Menschen", antwortet Egon.

An meiner kurzen Überraschung merke ich, wie sehr ich das Klischee des trockenen, zahlenfixierten Finanzbeamten verinnerlicht habe. Auf Egon W. passt es nicht. Über 25 Jahre ist er als Betriebsprüfer unterwegs gewesen.

„Und da hat man ja ständig mit Menschen zu tun, und das hat mir auch immer Spaß gemacht", erläutert Egon. „Ich war immer neugierig."

Die letzten zwölf Jahre im Finanzamt hatte er als Abteilungsleiter ungefähr 20 Mitarbeiter zu führen. Das erzählt er erst auf meine Nachfrage, ob er auch Führungsverantwortung hatte.

„Ja, das war dienstlich." Mit diesen Worten schließt Egon W. das Kapitel nach knapp fünf Minuten ab.

Geradlinig durch die Familie

Privat lernte er über den ‚EC', den Jugendkreis der Landeskirchlichen Gemeinschaft, relativ früh ein Mädchen kennen, in das er sehr verliebt war. Sie war fünf Jahre jünger und deshalb nicht in seiner Gruppe, aber gesehen haben sie sich bei gemeinsamen Veranstaltungen immer wieder. Die beiden waren vier Jahre zusammen, bevor sie 1960 heirateten. Egon war 25 Jahre alt. 1961 wurde ihre Tochter geboren und 1963 ihr Sohn.

„Gott sei Dank hab' ich mit den Kindern absolut keine Probleme gehabt", sagt Egon. Auch das war offenbar unspektakulär, sehr angenehm unspektakulär. Die Tochter sei – vermutlich von der Mutter beeinflusst – in den sozialen Bereich gegangen. Zunächst lernte sie Krankenschwester und heute leitet sie ein Altersheim. „Auch sie ist also in eine leitende Position gegangen", denke ich. Verantwortungsübernahme scheint in der Familie zu liegen. Ich frage nach, inwiefern die Mutter die Entscheidung der Tochter beeinflusst hat. Auch seine Frau habe ursprünglich Krankenschwester werden wollen, erzählt mir Egon.

„Aber ihr Vater hat ihr das verboten", sagt er. „Warum, weiß ich auch nicht. Der war wohl immer der Meinung, die verdienten nicht viel." Egon vermutet, dass seine Tochter das Interesse an dem Beruf quasi von der Mutter erspürt habe. „Sie ist dann aber auch voll darin aufgegangen", sagt er.

Die eigentliche Krankenschwesternlaufbahn habe die Tochter schnell verlassen und später die Heimleitungsnachfolge angetreten. Inzwischen war sie auch verheiratet und hatte drei Kinder bekommen. Egon W. verliert sich nicht in Details.

Der Sohn dagegen habe Philosophie studiert. Es ist offensichtlich, dass Egon W. diese Idee nicht ideal fand und ich hake nach. Er habe das als brotlose Kunst betrachtet, erklärt Egon und lacht. Eine ähnliche Sorge, wie sie sein Schwiegervater bei seiner Frau hatte, als die Krankenschwester werden wollte. Heute ist der Sohn Professor für Sozialwissenschaften an der Universität. Er war sehr fleißig und mit dem Broterwerb hat es dann doch geklappt.

„Ja, und mit meiner Frau lebe ich heute noch mehr oder weniger einträchtig zusammen", sagt Egon.

‚Mehr oder weniger' klingt nicht völlig spannungsfrei. Da lohnt es sich nachzufragen: Was hat seine Ehe so haltbar gemacht?

„Haltbar? Ich würde sagen, der gemeinsame christliche Glaube", sagt Egon. „Und da hatten wir auch immer unsere gemeinsamen Interessen in der Gemeinde. Ansonsten, würde ich schon sagen, wär' das sehr wackelig gewesen." Durch ihre unterschiedlichen Temperamente habe es schon manches Mal gekracht. „Aber nie so, dass wir auseinander gegangen wären."

„Wie hat da der christliche Glaube geholfen?", will ich wissen. „Ja, weil man sich einfach schneller ... ja, vergeben hat", erklärt Egon.

Die Ehepartner waren gemeinsam engagiert. Egon leitete anfangs noch eine Jugendgruppe und seine Frau unterstützte ihn. Sie selbst war mit den eigenen Kindern gut beschäftigt. Eigentlich sei sie aber weitaus mehr eine Führungspersönlichkeit als er, erzählt Egon.

Interessant finde ich, wie sie für sich eine Form der Vereinbarkeit von Beruf und Familie gefunden haben, obwohl das damals noch nicht selbstverständlich war. Seine Frau hatte Buchhalterin gelernt und Egon hatte als Mitarbeiter der Finanzverwaltung Kontakt zu vielen Unternehmen. So kam es, dass sie von zu Hause aus die Buchhaltung für verschiedene Unternehmen übernahm und trotzdem für die Kinder da sein konnte.

Nach seiner Pensionierung war Egon noch als Steuerberater tätig, bis er 70 Jahre alt war. Bis dahin hat auch seine Frau mit viel Freude weiter gearbeitet.

Krieg und Glaube

Es überrascht mich, dass uns selbst nach Egons Erzählung aus dem Privatleben noch Zeit bleibt. Ich nutze sie, um noch einige grundsätzliche Fragen loszuwerden. Wie hat Egon den Krieg erlebt?

Sein Vater war durch den ersten Weltkrieg kriegsbeschädigt und wurde im zweiten Weltkrieg nicht mehr eingezogen. Beide Eltern waren im Krieg zu Hause. Intensiv erinnert Egon sich an die Fliegerangriffe, die im Ruhrgebiet 1943 ihren Höhepunkt hatten. Vor den Fliegerangriffen hatte er große Angst. Sobald im Drahtfunk das Ruhrgebiet erwähnt wurde, verschwand er in den Keller. Egon lacht freundlich über den ängstlichen Jungen, an den er sich erinnert.

Als ich frage, wie er durch die Angst gekommen ist, überrascht mich die Antwort kaum.

„Soweit ich mich erinnern kann, habe ich immer gebetet", sagt Egon. Später sei sein Glaube zwar reifer geworden, aber gebetet habe er auch schon als Kind.

„Obwohl meine Lebensführung als Jugendlicher gar nicht so sehr christlich war", stellt Egon fest. Er habe relativ viele Mädchen gehabt, mit denen er befreundet gewesen sei. Da hätten die Eltern schon ihre Bedenken gehabt, ob das mit dem Jungen auch alles so gut weitergehen würde.

Sie haben sich unnötig Sorgen gemacht. Ich merke an, dass er doch offenbar sehr verbindlich, treu und loyal sei. Schließlich ist er bei einer Frau, bei einem Arbeitgeber und im selben Wohnort geblieben.

„Ja, in der Beziehung bin ich sehr konservativ", bestätigt Egon. „Wenn ich etwas für richtig erachte, da halt' ich auch dran fest."

Mitunter führten seine Klarheit und Konsequenz auch zu Spannungen oder zu Distanz. Egons großer Bruder war sehr strebsam und hatte früh einen starken Einfluss auf ihn. Später fühlte Egon sich im EC-Jugendkreis zu Hause und bejahte aus vollem Herzen den christlichen Glauben, während der große Bruder diesen ablehnte. Lange Zeit lebten die beiden daraufhin „parallel", hatten nicht viel miteinander zu tun. Später, nach Egons Pensionierung, konnten sie ihre unterschiedlichen Einstellungen besser tolerieren. Ähnlich ging es Egon mit einigen Schulkameraden. Ihre Lebensführung unterschied sich später zu stark, als dass daraus lebenslange Freundschaften geworden wären.

Worauf es ankommt

Was waren die besten Entscheidungen in Egons Leben?

„Die beste Entscheidung war natürlich, geistlich gesehen, in eine christliche Jugendgruppe zu gehen", sagt Egon.

Eine goldrichtige Entscheidung sei es auch gewesen, zum Finanzamt zu gehen. „Die war auch von meiner Mutter beeinflusst worden", erinnert sich Egon, „obwohl die überhaupt keine Ahnung von dem Beruf hatte." Anscheinend hatte sie genug Ahnung von ihrem Sohn.

Da der Glaube ein so zentrales Thema in diesem kurzen Gespräch war, möchte ich auch danach noch einmal fragen. Was gibt ihm der Glaube?

„Der Glaube tröstet mich in schwierigen Situationen", erklärt Egon. „Und er gibt mir auch Halt." In unsicheren Situationen, in denen er nicht wusste, wie es weitergeht, habe ihm der Glaube Mut zur Entscheidung gegeben. Er habe sich dann gesagt: „So, ich fäll' jetzt eine Entscheidung nach meinem Verstand und vertraue darauf, dass die Entscheidung richtig ist durch Gottes Führung, und da bin ich immer gut mit gefahren", sagt Egon und lacht.

Solche unsicheren Situationen waren zum Beispiel berufliche Aufstiegschancen. Damit war die Frage verknüpft: Schaffe ich das? Letztlich ergriff Egon W. die Chancen und rechnete mit Gottes Hilfe bei der Umsetzung.

Eine schwerwiegende Entscheidung war auch die Wahl der Ehefrau. In dieser Hinsicht sei er aber nicht sonderlich geistlich gewesen, sondern sie habe ihm sehr gut gefallen und er war schnell in sie verliebt. Wenn sie später miteinander Schwierigkeiten hatten, haben sie gemeinsam gebetet, dass sie sie in den Griff bekommen.

Über meine nächste Frage muss Egon keine Sekunde nachdenken. Ich möchte wissen, was ihm heute die Lebensfreude gibt, die er ausstrahlt.

„Meine Enkel und Urenkel", antwortet er sofort. Fünf Enkel habe er und zwei Urenkel. Die drei Kinder der Tochter hatte Egon schon erwähnt. Sein Sohn hat zwei Kinder. Egon ist immer wieder erstaunt, wie liebevoll und fürsorglich die Kinder und Enkel „zu uns Alten sind." Sie besuchen sie, rufen an, fragen, wie es ihnen geht. Die älteste Tochter seiner Tochter sei vom Wesen her seiner Frau sehr ähnlich, sagt Egon. Entsprechend eng seien die beiden miteinander verbandelt.

„Was macht Sie fröhlich? Worüber können Sie von Herzen lachen?", frage ich.

„Über Albernheiten kann ich von Herzen lachen", antwortet Egon. „Ich weiß nicht, die Grundstimmung ist dieses Gottvertrauen, das mich fröhlich macht." Trotzdem sei er in misslichen

Situationen leicht niedergedrückt. Die stehe seine Frau innerlich besser durch.

Was würde Egon also einem jungen Menschen empfehlen? Worauf kommt es im Leben wirklich an?

„Das ist tatsächlich dieses – sich der Führung Gottes anvertrauen. Das Wissen, dass Gott auch richtig führt." Egon zögert. „Obwohl man das ja nur einem gläubigen Menschen richtig sagen kann", ergänzt er und erzählt, dass sich beispielsweise sein Sohn zwar zur Kirchengemeinde halte, aber an Glauben und Bibel akademischer herangehe.

Dass Egons Empfehlung nur für gläubige Menschen zugänglich sein soll, mag ich nicht so schnell akzeptieren. Ich frage noch einmal nach, was denn ein Mensch machen soll, der zwar bisher nicht gläubig ist, aber die Sache mit dem ‚Gottvertrauen' gerne erkunden würde.

„Der sollte beten", schlägt Egon vor. Er sollte es einfach ausprobieren und so tun, als wäre da jemand, der zuhört.

Welche weiteren Anregungen will ich mir aus dem Gespräch mit Egon W. merken?

- Sich von der Angst nicht bremsen lassen, sondern Chancen wahrnehmen und Verantwortung übernehmen.
- Bescheiden bleiben und sich selbst nicht so wichtig nehmen.
- Zu seinen Schwächen stehen und freundlich über sich lachen.
- Bei Schwierigkeiten einander vergeben und sich in der Partnerschaft um einen gemeinsamen Weg bemühen.
- Zu seinen eigenen Werten und Überzeugungen stehen, statt sein Fähnchen in den Wind zu hängen.

Nach einer guten halben Stunde bin ich alle Fragen losgeworden und Egon W. sagt, jetzt hätte er aber mal eine Frage. Wie ich denn eigentlich auf diese Idee gekommen sei, Lebensberichte zu sammeln. Ich erzähle und Egon hört zu, interessiert sich, fragt nach. Als wir schließlich aufstehen, freut er sich, dass er noch zur ‚Gemeinschaftsstunde', dem Gottesdienst der Landeskirchlichen Gemeinschaft, gehen kann.

GÜNTER G.: DEN WILLEN MUSS MAN HABEN

„Wenn wir alles täten, wozu wir imstande sind, würden wir uns wahrlich selbst in Erstaunen versetzen." (Thomas Alva Edison)

Als ich Ende Januar 2016 mit Günter G. verabredet bin, wird im Radio Glatteis angekündigt. Ab 18 Uhr solle man möglichst das Auto stehen lassen. ‚Kein Problem', denke ich. ‚Bis dahin bin ich längst zurück.' Wieder täusche ich mich.

Um 15 Uhr schleiche ich etwas verwirrt um Günters Haus herum, bis mir ein großer Herr die Terrassentür öffnet. Ich könne ruhig durch den Seiteneingang hereinkommen, sagt er. Sofort höre ich das Berlinerische durch, das er sich wie ein Markenzeichen erhalten hat. Gemeinsam mit seiner Frau lacht er freundlich darüber, dass ich nicht darauf gekommen bin, im Carport nach der Eingangstür zu suchen.

Der Kaffeetisch ist gedeckt und wir kommen schnell und unkompliziert miteinander ins Gespräch. Seit er nicht mehr arbeite, meint Günter, werde die Erinnerung an früher immer feiner und fester.

„Merke ich von Jahr zu Jahr: Dat wird immer stabiler und man kann sich an immer feinere Dinge erinnern", sagt Günter. „Als wenn da oben jetzt die Festplatte befreit ist. Und jetzt kommen die Erinnerungen hoch."

Günters Frau verabschiedet sich. Einkauf und Yoga stehen an.

Berlin, Schlesien, Litauen

Geboren ist Günter G. im Mai 1934 in Berlin Charlottenburg und aufgewachsen in Berlin Schöneberg. Sein Vater stammte aus Schlesien, seine Mutter kam aus Rixdorf, Berlin Neukölln. Er sei waschechter Berliner und dort auch zur Schule gegangen, sagt Günter. 1940, erinnert er sich, hätten vereinzelt die Bombenangriffe angefangen. Daraufhin beschloss sein Vater Ende 1940, sie sollten zum Onkel nach Schlesien auf den Bauernhof gehen. Sein sechs Jahre jüngerer Bruder war im Februar geboren worden. Auf dem schlesischen Land fiel der Stadtjunge sofort mit seinen kurzen Hosen und seinen Schuhen auf. Die anderen liefen meist barfuß und die Hosen gingen bis an die Knie.

„Und dann guckten die mich schon so schräg an", erzählt Günter. Es sei aber alles gut gegangen. Ein Lehrer spielte mit ihnen die damals üblichen Geländespiele. „Und das hat natürlich unheimlich Spaß gemacht", sagt Günter. „Da war ich dann auch ab und zu mal der Anführer", erzählt er lachend.

Von dort ging es mit der Familie nach Litauen, wo sein Vater beruflich in der provisorischen Hauptstadt Kaunas zu tun gehabt habe. Von 1941 bis 1944 war die Stadt, die die Deutschen ‚Kauen' nannten, von der Wehrmacht besetzt. Es gab eine deutsche Schule, zu der sie immer zu zweit oder dritt gingen. Als Kinder der Besatzer mussten sie damit rechnen, nicht gerade beliebt zu sein. Aber sie hätten nie darunter zu leiden gehabt, erinnert sich Günter.

Eines Tages sah er auf dem Weg zur Schule einen Zug russischer Kriegsgefangener. Sie füllten die Straße in ihrer ganzen Breite, und Anfang und Ende des Zuges waren nicht in Sicht. Er habe sich gefragt, wie die Gefangenen alle zu essen bekommen sollten, sagt Günter. Doch bald drehte die Situation sich um.

Eines Nachts weckte ihn sein Vater mit den Worten: „Komm, Günter, zieh dich mal an. Da zieht ein ganz schweres Gewitter auf und es ist besser, wenn du angezogen bist."

„Da habe ich zu meinem Vater gesagt: ‚Du, Papa, das ist kein Gewitter. Das ist Artilleriefeuer'", erzählt Günter. Die Russen rückten näher, darüber war er sich mit seinen zehn Jahren im Klaren. Sie kamen mit dem letzten Zug aus Kaunas heraus. Anfang oder Mitte 1944 müsse das gewesen sein. Man brachte Günters Mutter mit ihren Söhnen bis an den Zarnowitzer See in Westpreußen, wo sie mit anderen Frauen und deren Kindern in einer Reihe warteten. Die dort ansässigen Bauern sollten je eine Familie aufnehmen und wollten gerne Arbeitshilfen haben. Günters Mutter blieb mit ihren beiden Kindern und mit einer anderen Familie als Letzte übrig.

„Und da stand ein katholischer Pfarrer mit der Kutsche und sagte: ‚Na, dann nehm' ich die Frau mit den beiden Kindern", erinnert sich Günter. Seine Mutter habe den Pfarrer gleich informiert, dass sie evangelisch seien.

„Da sagt er: ‚Das spielt keine Rolle. Wir haben den gleichen Gott.'" Günter treten bei der Erinnerung Tränen in die Augen. Noch konnten sie nicht ahnen, auf was für einen beeindruckenden Menschen sie da gestoßen waren.

Nicht von meinem Kirchturm

Pfarrer Reich hatte seine Prinzipien. Es war ihm wichtig, alle Mahlzeiten gemeinsam einzunehmen, Frühstück, Mittag und Abendbrot. Es wurde viel dabei erzählt und anschließend warf der Pfarrer seine Brotrinde zu den sehnsüchtig wartenden Hühnern aus dem Fenster, weil er nicht mehr so gut kauen konnte. Nur einmal, am Martinstag, kam Günter das Essen wieder hoch. Die Gänse waren geschlachtet worden und es gab eine ganz dunkle Suppe mit Fleisch und Innereien, Schwarzsauer. Erst hinterher erklärte Pfarrer Reich dem Jungen, dass es Gänseblut war, was er da gegessen hatte.

„Und ich zur Tür und im dicken Strahl, entschuldigen Sie, kam der Plunder raus. Das werd' ich meinen Lebtag nicht vergessen", erzählt Günter.

Wenn Günter G. nicht in der Schule war, war es seine Aufgabe, die Kühe zu hüten. „Das war 'ne wunderschöne Zeit", erinnert sich Günter. Er konnte daliegen und die Kühe weiden lassen. Wenn sich ab und zu eine in die Rüben verirrte, scheuchte er sie wieder heraus. Eines Tages hörte er dort oben am Himmel ein ‚Bop-bop-bop-bop'. Sofort sah er hoch und hatte sich nicht getäuscht.

„Da hab' ick die V1 fliegen sehen", sagt Günter und erklärt mir, das sei eine fliegende Bombe mit aufgesetztem Triebwerk gewesen. Außerhalb von Goebbels Propaganda hieß sie zu der Zeit Fieseler Fi 103. Die Engländer hatten Falschnachrichten gebracht, wo die Bombe angeblich Schäden verursacht hatte und die Deutschen damit hinsichtlich ihrer Treffsicherheit verunsichert. Deshalb schossen sie zum Test aus Westpreußen auf die Ostsee.

Die Idylle war trügerisch. Eines Tages kam die SS mit einem Motorrad und einem Kübelwagen, in dem sie einen toten englischen Piloten ohne Beine transportierten. Er war über der Ostsee abgeschossen worden. Sie legten den Torso ab und befahlen Pfarrer Reich, Hacke und Spaten zu besorgen, während sie zwei

Kriegsgefangene vom Gutshof holten. Ohne Glockengeläut sollte der Leichnam in der ungeweihten Erde an der Kirchhofmauer vergraben werden und zwar „Tempo, Tempo."

„Pfarrer Reich, was hat er gemacht?", sagt Günter. „Ist in den Schuppen gegangen und hat das schlechteste Werkzeug, was er finden konnte, gebracht. Sie waren noch nicht 50 Zentimeter im Boden drin, da brach der Stiel vom Spaten weg und etwas später der von der Hacke."

Auf das Anschnauzen der SS-Männer habe Pfarrer Reich nur geantwortet: „Ich bin auf sowas nicht vorbereitet und unser Totengräber, der ist nicht da. Der ist eingezogen zum Militär. Das müssen alles Frauen machen. Die sind auf dem Feld." Schließlich holte er aus dem Schuppen neue Stiele und reparierte das Werkzeug. So verging die Zeit.

Günter stand in sicherer Entfernung und beobachtete, wie die SS-Männer rauchend an der Kirchhofmauer standen. Das ging ihnen alles zu langsam. Schließlich gingen sie zum Dorfteich, um sich die Zeit zu vertreiben. Diesen Moment nutzte Pfarrer Reich, um die Erde zu weihen. Den Gefangenen vermittelte er, sie sollten sich Zeit lassen. So wurde es kurz vor 12 Uhr, bis sie tief genug gegraben hatten. Als der Leichnam in die Erde gelassen wurde, begann das Glockengeläut. Den aufgebrachten SS-Männern erklärte Pfarrer Reich ruhig, dass das eine Automatik sei. Die Glocke schlage immer um 12 Uhr.

„Die Geschichte, die ist mir so im Blut drin geblieben", sagt Günter. „Ich dachte: ‚Siehste, so kann man sich auch wehren. Mit 'ner Intelligenz. Verdeckt. Und du hast doch erreicht, was du wolltest. Pfarrer Reich war für mich immer Vorbild."

Bis zum Schluss wahrte Pfarrer Reich seine Integrität, obwohl sie ihn das Leben kostete. Weihnachten 1944 fuhr Günters Mutter mit den Jungen nach Berlin. Sie wollten anschließend zurück, aber die Russen waren angerückt und alles war gesperrt. Ein halbes Jahr später erfuhren sie, dass Pfarrer Reich erschossen worden war. Seine ehemalige Klosterkirche stand auf einer kleinen Anhöhe, von der aus man bis zur Ostsee sehen konnte. Deshalb wollte die SS auf dem Kirchturm einen Artillerie-Beobachter einsetzen. Pfarrer Reich hatte sich vor die verschlossene Tür gestellt und gesagt: „Nicht von meinem Kirchturm." Daraufhin war er erschossen worden.

Bomben auf Berlin

In Berlin stand Günters Mutter vor leeren Schränken. Alles war entweder beim Onkel in Schlesien oder in Westpreußen. Sie erlebten die stärksten Bombenangriffe direkt in Berlin. Ihr Nachbar war durch eine Verbindung zur Flakstellung auf dem Südgelände an die geheime Karte gekommen, auf der sie sahen, dass Berlin im Planquadrat ‚Gustav - Gustav' lag. Bis abends um 22 Uhr hörte Günter die Meldungen ab, danach übernahm der Nachbar. So gelang es ihnen, rechtzeitig alle im Haus zu alarmieren, wenn ein Angriff kam und sie in den Bunker mussten.

Nach ‚D-Day' kamen die Vorwarnungen immer kurzfristiger, weil keine Vorpostenboote mehr im Ärmelkanal lagen. Die Engländer schickten die schnellen, hölzernen Mosquitos, die mit sogenannten ‚Christbäumen', kleinen Leuchtfeuern, Zielquadrate für den Bombenabwurf markierten.

„Das letzte Mal, als wir zum Bunker gerannt sind, das war in der Schultheiss-Brauerei in der Feurigstraße, da waren wir genau in so einem abgesteckten Planquadrat", erzählt Günter. „Da sind wir aber geflitzt."

Im Bunker hörten sie das Grummeln, es roch nach Kalk und das Licht ging aus. Teilweise begannen die Frauen zu schreien und Günters kleiner Bruder versuchte, seine Mutter zu trösten: „Mama, du brauchst doch nicht weinen. Es ist doch alles in Ordnung, es hat doch alles gehalten."

Die Bombe war in eine Flaschenspülanlage gefallen, und als sie aus dem Bunker kamen, liefen sie auf einem 80 Zentimeter hohen Berg aus Glasschutt. Jedes Mal war es ein Aufatmen, wenn das eigene Haus noch stand. Ein anderes Mal landete eine Phosphorbombe vor ihrem Keller. In der Schule hatten sie gelernt: Wenn man Phosphor mit Wasser löscht, brennt es auf dem Wasser weiter. Von der Haut bekommt man es gar nicht mehr ab. Brände von Phosphorbomben durften nur mit Sand abgedeckt werden, um den Phosphor vom Sauerstoff zu trennen.

Detailreiche Erinnerungen hatte Günter G. am Anfang unseres Gesprächs versprochen. Für die Details interessierte er sich offenbar schon als Junge und jetzt füllen sie seine Erzählungen mit Leben. Ich frage, was ihm in dieser Gefahrenlage Kraft gegeben hat.

„Je näher man der Gefahr ist, desto weniger spürt man sie."
Zu dieser Überzeugung sei er für sich gekommen, sagt Günter.
„Je weiter man weg ist, umso mehr Schiss kriegste."
Im Keller hatte er seinen besonderen Platz. So eine Kellermauer sei normalerweise 71 Zentimeter dick gewesen und die vom nächsten Haus ebenso. Damit man herauskam, falls das Haus einstürzte, hatte man Durchbrüche geschaffen und sie nur mit Halbstein wieder zugemauert. An diesen Durchbrüchen waren Nischen entstanden.

„Und in dem Ding, da hab' ich drin gesessen und hab' gedacht: ‚Dat is sicher hier.'" Günter lacht bei der Erinnerung. In seinem Zimmer hing eine Europakarte, auf der er die Frontlinien absteckte, wie er sie dem täglichen Wehrmachtsbericht entnahm. Seiner Mutter ging dieses Interesse deutlich zu weit, aber Günter setzte sich durch. Wenn er einmal ein paar Pfennig Taschengeld von der Oma bekam, kaufte er ‚Der Adler', die Zeitschrift der deutschen Luftwaffe. Dort erfuhr er, welcher Pilot welche Auszeichnungen bekam, zum Beispiel ‚Ritterkreuz mit Schwertern' oder gar ‚Ritterkreuz mit Schwertern und Brillanten.

Ich stelle meine Lieblingsfrage: „Warum?"

„Weil ich Flieger werden wollte", antwortet Günter. Für ihn sei klar gewesen, dass er Soldat werden würde. Er habe ja an den ‚Endsieg' geglaubt.

„Die deutsche Wehrmacht ist ja unschlagbar", sagt Günter mit viel Selbstironie in der Stimme. Also musste er Soldat werden. In einem Panzer wäre es ihm zu eng gewesen und unter Wasser im U-Boot wollte er auch nicht landen. Als Jagdflieger könnte man wenigstens sehen, was los ist. So seien seine kindlichen Vorstellungen halt gewesen, sagt Günter. Er habe sogar geweint, als Helmut Wick vom Feindflug nicht zurückgekehrt ist, weil er ganz kurz vor dem ‚Ritterkreuz mit Schwertern' gestanden hatte.

Als die Panzersperre am S-Bahnhof Schöneberg geschlossen wurde, gab es als Zeichen die ‚Öffentliche Luftwarnung'. Da wohnten sie bereits im Keller. Er wäre losgerannt in Richtung Panzersperre, wenn seine Mutter ihn nicht rechtzeitig am Kragen erwischet hätte. Überhaupt waren die Kinder zu der Zeit recht abgebrüht und verließen sich auf ihre Ohren. Über eine Holzklappe gelangten sie ins Erdgeschoss der nachbarschaftlichen Schlachterei. Dort saßen sechs Kinder in Günters Alter und spielten schlesische Lotterie. Wenn ein Flugzeug kam, horchten sie auf. Nur ein russischer Doppeldecker? Dann spielten sie weiter. Kurz danach hörten sie ‚wrumm, wrumm' und wussten: Das wird ein Reihenwurf. Ab in den Keller! Dort erwarteten sie die entsetzten Mütter, die sie schon gesucht hatten.

Einen Tag nach Schließung der Panzersperre schlich Günter sich hinaus über den Innenhof und durch den Flur. Als er vorsichtig aus der Haustür blickte, erkannte er einen deutschen Infanteristen mit Karabiner im Anschlag. Und an der anderen Straßenecke hockte ‚der Ivan'. Es wurde geschossen und der Deutsche verschwand.

„Und dann war das genau, wie die Nazi-Propaganda uns das eingetrichtert hat", sagt Günter. „Da kommt ein russischer Kommissar mit Reitstiefeln, Reithose, rechts einen Revolver in der Hand, links 'ne Knute, weiße Mütze mit rotem Stern. Pelzjacke an. Genau so einer kam."

Günter lief in den Keller und informierte die anderen, dass es jetzt so weit war. Doch ihm ist wichtig zu betonen, wie korrekt sich die Weißrussen verhalten haben, die anfangs kamen. Soweit er es mitbekommen hat, haben sie weder den Frauen etwas zuleide getan noch jemanden erschossen. Ein paar Tage später seien andere gekommen, Steppenvölker. Die gingen allerdings nur bis ins zweite Stockwerk, denn höhere Gebäude waren sie nicht gewohnt.

„Da haben wir Jungs in jedem Treppenaufsatz aufgepasst", erzählt Günter. Sie warnten die Frauen, damit die sich aufs Dach flüchten konnten. Danach sagten sie wieder Bescheid, wenn sie herunterkommen konnten.

Nie werde Günter vergessen, wie am 1. Mai einer von denen total betrunken im Hof an der Teppichklopfstange lehnte und mit seiner Kalaschnikow die letzten heilen Fenster herausschoss. Am liebsten hätte der Junge ihm eins übergebraten, aber das ging natürlich nicht.

Ich finde den Papa!

„Wo war der Vater zu der Zeit?", frage ich und erfahre, dass Günters Vater in Gefangenschaft geraten war. Er war Jahrgang 1902 und war verhältnismäßig spät eingezogen worden. Auf dem Rückzug wurde er nahe Potsdam von den Russen gefangen genommen. Die Familie erfuhr über ein faszinierend gut funktionierendes ‚Nachrichtensystem', dass er noch lebte. Auf einen kleinen Zettel schrieb sein Vater seine Adresse und dass er in Gefangenschaft war und faltete ihn zusammen. In einem ähnlichen Gefangenenzug, wie Günter ihn in Kaunas mit russischen Kriegsgefangenen gesehen hatte, wurde sein Vater zum Lager nach Trebbin gebracht. Wenn sie ein Dorf durchquerten, ließen die Gefangenen irgendwo ihre kleinen Zettel fallen.

„Und die Dorfbewohner hatten das ruckzuck spitz", sagt Günter. „Sobald die Truppe durch war, haben die geguckt, wo Schnitzel liegen. Die sind schneller als heute die Post gewesen. Da klingelte das plötzlich mal bei uns an der Tür."

Eine Frau überbrachte die Botschaft des Vaters. So wussten sie immerhin, dass er lebte. Später bekamen sie heraus, dass er nach Trebbin gebracht worden war. Dorthin gab es einen Zug, doch die Kunst war, ihn trotz der Ausgangssperre zu erreichen. Günter hatte eine Idee: Im Parzellengebiet kannte er jeden Weg, denn dort hatte er mit seinem Freund immer ‚Räuber und Gendarm' gespielt. Dort hindurch konnten sie zum Zug am Priesterweg gelangen. Es klappte. In der Verwaltung vom Trebbiner Gefangenenlager fragte der Junge nach Pionier Arthur G. Ja, der sei da gewesen, erfuhr er, aber der sei raus, vielleicht ins Außenlager. Auch dort bekam er die Antwort, er sei zwar da gewesen, aber jetzt nicht mehr. Günters Mutter verlor die Hoffnung und meinte, den fänden sie nicht.

Aber Günter sagte: „Den finde ich. Ich finde Papa. Ich finde ihn!" Hartnäckig fragte er immer weiter herum, bis ihm jemand sagte, ein Stück weiter seien fünf unbewachte Scheunen für Ruhr-Kranke. In der ersten Scheune lagen die Kranken auf dem Boden und suchten nach Körnern. Wieder fragte Günter nach seinem Vater und man schickte ihn zur dritten Scheune. Dort hieß es, der müsse gerade rausgegangen sein. Als Günter die Scheune verließ, kam sein Vater um die Ecke – mit Vollbart, dicken Füßen voller Wasser und ganz krumm.

„Wer ist der Onkel?", fragte Günters kleiner Bruder. Sie setzten sich gemeinsam hin. Als Günter sich über die kahlen Kirschbäume wunderte, erklärte ihm sein Vater, die Blätter, die sie erreichen konnten, hätten sie schon gegessen. Sie hatten sie klein geschnitten und in Konservenbüchsen über einer kleinen Flamme gekocht. Ansonsten gab es nur einmal täglich etwas Wasser-Kohlsuppe.

Beim zweiten Besuch brachten sie dem Vater einen kleinen Pott Milchreis mit und geriebene, selbstgemachte Holzkohle. Beim dritten Mal war er nicht mehr in der Scheune. Sie entdeckten ihn im alten Sanitätshaus, in das sie nicht hineindurften, und beim vierten Besuch war er ganz verschwunden. Erneute Ungewissheit. Eines Tages klingelte jemand und sagte der Mutter, ihr Mann sei vor dem Laden zusammengebrochen und sitze jetzt in der Bäckerei.

Nun erfuhren sie, wie es weitergegangen war. Man hatte seinen Vater mit anderen in Güterwagen weggebracht, in denen vorher Viehsalz transportiert worden war. Von den Resten dieses grobkörnigen roten Salzes hat sein Vater sich etwas eingesteckt. Dann kamen sie zur Untersuchung, um zu entscheiden, wer zum Ernteeinsatz nach Sibirien eingeteilt wurde und wer schwere Kisten im Rostocker Hafen schleppen sollte.

„Da sind die meisten umgekommen, dat is klar", sagt Günter.

Sein Vater wusste, dass es eins gab, wovor die Russen richtig Angst hatten: TBC. Rechtzeitig vor der Untersuchung lutschte er das rote Salz, das den Hals furchtbar angriff. Als ihn der Übersetzer fragte, warum er so komisch spreche, behauptete Günters Vater, er habe Kehlkopf-TBC. „Du schlechtes Mann", sagte der Russe zu ihm und drei Tag später bekam er die Entlassungspapiere, einen Salzhering und eine Scheibe Brot. Noch einmal wurde er von einer Russen-Streife aufgegriffen, die die Entlassungspapiere zerriss. Es waren Gefangene geflohen und die Zahl musste wieder stimmen. 14 Tage später war Arthur G. endlich wirklich entlassen und konnte nach Berlin zurückkehren. Günters Mutter kochte ihrem Mann aus irgendetwas eine Suppe und beim vierten Löffel, das wird Günter nie vergessen, schlief sein Vater am Tisch ein. Zu dem Zeitpunkt glaubten sie kaum, dass sie ihn durchkriegen würden, doch letztlich ist Günters Vater noch über 80 Jahre alt geworden.

Nach Kriegsende liefen die Kinder vor der Schule durch die Ruinen und suchten Holz. Damit heizten sie den Kanonenofen in der Schule, um den sie sich drängelten, um ihre Scheibe Brot ein wenig anzurösten.

„Uns musste keiner sagen, das musst du 32 Mal kauen", sagt Günter. „Wir wollten ja lange wat von haben. Wir haben gemümmelt wie die Kaninchen. Immer noch mal gekaut, immer noch mal gekaut, damit et recht lange dauert."

Getauscht haben sie damals keine Sammelbildchen, sondern Granatsplitter. Einer hatte ein Stück von einer Vierlings-Flak, ein anderer eins von einer englischen Bombe. Damit kannten sie sich aus.

„Nee, nee, nee, für den Splitter, da muss ich ein bisschen mehr für kriegen", hieß es dann. Günter lacht.

Es war noch 1945, als Günters kleiner Bruder plötzlich Erbrechen bekam. Die Ärzte operierten den Blinddarm heraus, doch es half nichts. Er magerte weiter ab. Mit der Diagnose Hirnhautentzündung schickten die Ärzte ihn nach Hause. Sie konnten nichts mehr für ihn tun, denn Penicillin gab es für Deutsche nicht. Nach einer Woche war er abgemagert wie ein Skelett. Günter erwachte von seinem röchelnden Atem, der wie eine kaputte Lokomotive klang. Er setzte sich ans Bett des kleinen Bruders und fühlte seinen Puls, der immer langsamer wurde.

„Zum Schluss fließt es nur noch und dann ist Schluss", sagt Günter. „Und dann war er ruhig. Das werde ich auch nie vergessen. Das sitzt drin."

Särge gab es nicht. Mit dem „Mut der Verzweiflung", so beschreibt Günter es, ging sein Vater in die Ruine am Innsbrucker Platz. Dort nahm er die Bretter der Holzwände einer Toilettenanlage mit, obwohl er dafür verhaftet worden wäre, wäre er erwischt worden. Er trug sie in den Keller, baute einen Sarg und organisierte irgendwo weiße Farbe, um ihn zu streichen. Günter kommen die Tränen bei der Erinnerung. Vom Kohlenhändler lieh der Vater sich den Brikettwagen, breitete ein schwarzes Tuch darüber aus und so fuhren sie den kleinen Bruder zum Friedhof.

„Nee, das war grausam", beendet Günter das Thema.

Später musste der Friedhof der Stadtautobahn weichen. Doch zu dem Zeitpunkt lebten die Eltern bereits in Hamburg, während Günter noch in Berlin studierte. Den Grabstein seines Bruders nahm er später mit nach Bremen, wo man ihn noch heute in seinem Garten findet.

Bauingenieurwesen und Schaltpläne

Nach seiner Maurerlehre hatte Günter begonnen, Bauingenieurwesen zu studieren. Seine Eltern wollten, dass er mit nach Hamburg geht, doch er wollte sein Studium in Berlin beenden. Er müsse doch auch an ihre Finanzen denken, argumentierte sein Vater. Wie viel er sie denn wohl in Hamburg kosten würde, wollte Günter wissen und sein Vater schätzte: circa 120 DM. Dann sollte sein Vater ihm diese Summe monatlich nach Berlin überweisen, schlug Günter vor.

„Davon kannst du doch nicht leben", sagte der Vater.

„Das lass mal meine Sorge sein", erwiderte Günter.

Im ersten Monat überwies der Vater 200 DM und der Sohn schickte 80 DM zurück. Im folgenden Monat wiederholten sie dieses Spiel.

„Nächsten Monat kamen nur noch 120, aber von Mutter kamen dann Carepakete", sagt Günter und lacht laut.

Er hatte einen guten Studentenjob in Westberlin. Der Onkel einer Freundin arbeitete bei der Schering AG und hatte ihn angesprochen: Er könne doch zeichnen und solle in die Elektroabteilung kommen und Schaltpläne zeichnen. Als angehender Bauingenieur kannte er sich mit Schaltplänen gar nicht aus, aber der Bekannte war überzeugt, dass er das schaffen könnte. Er sollte mit Bleistift vorzeichnen und die Linien erst dann mit Tusche nachziehen. Alles müsse unbedingt genau stimmen. Am Anfang werde er lange dafür brauchen, aber er arbeite sich schon ein.

Am ersten Plan saß Günter zehn Stunden, von denen er sieben als Arbeitszeit aufschreiben durfte. Nach vier Wochen sah er sich den Schaltplan für einen Messestand in Kolumbien an und beschloss, dass er den ohne Vorzeichnen hinbekommen würde. Daran saß er ungefähr vier Stunden und konnte fünf abrechnen.

„Da habe ich richtig Geld gemacht", sagt Günter.

Doch den Eltern ließ es keine Ruhe, wie er wohl zurechtkäme. Eines Tages standen sie plötzlich vor der Tür. Er hatte sich ein Leerzimmer gemietet und die wesentlichen Möbel geschenkt bekommen oder selbst gebaut. Sein Vater trat ans Fenster, lobte den Blick nach draußen, machte eine amüsierte Bemerkung über die leeren Bierflaschen hinter Günters Schreibtisch und meinte, es seien ja auch ein paar Milchflaschen dabei. Schließlich fuhren die Eltern beruhigt nach Hause.

1956, kurz vor Günters Examen, kam der Chef der Elektroabteilung auf ihn zu.

„Ach, da ist ja unser Elektriker", sagte er. „Sie machen ja jetzt Ihr Diplom?"

Als Günter erklärte, das stimme zwar, aber nicht in Elektrotechnik, war der Abteilungsleiter fassungslos, verschwand und kehrte kurze Zeit später mit dem Leiter der Hochbauabteilung zurück. Der wollte ihn sofort einstellen, Günter wollte gerne in Berlin bleiben, doch das Gehalt passte nicht. Laut Tarif gab es damals in Berlin 350 DM und aus Hamburg hatte Günter ein Jobangebot mit einem Gehalt von 500 DM.

Die beiden Abteilungsleiter sahen sich an und beschlossen: Das kriegen wir über Sonderzahlungen auch hin. Günter durfte nicht darüber reden und nicht erwarten, dass sein Gehalt sich erhöht, wenn der Tarif steigt.

Berufsstationen

Nach nur vier Wochen bei Schering kündigte Günters Chef ihm an, sie würden in einer Woche nach Nürnberg fahren, wo er die Bauleitung für eine Halle übernehmen sollte, nachdem der Bauleiter durch Verhaftung auf der Transitstrecke ausgefallen war. Der Kollege war gegen einen umgestürzten Baum geprallt und die Beifahrerin hatte sich das Nasenbein gebrochen. Daraufhin wurde er wegen schwerer Körperverletzung und Verkehrsgefährdung nach Bautzen gebracht. Für Günter bedeutete der Einsatz in Nürnberg den Sprung ins kalte Wasser mit großer Verantwortung. Sein Chef sagte ihm zu, dass er ihn nachts mindestens bis 23 Uhr erreichen könnte, wenn er Hilfe bräuchte.

„Ich dachte: ‚Dich ruf ich nicht an!'", erzählt Günter und lacht. „Da kam ich mir ganz groß vor, ja."

Bis nachts um zwölf oder ein Uhr studierte er Betonkalender und Dienstvorschriften. Beim Richtfest sagte der Bauunternehmer zu Günters Chef, da habe er ja einen ganz gewieften Bauleiter eingesetzt. Dass das sein erstes Projekt als Bauleiter gewesen war, konnte der kaum glauben. Trotz dieses Erfolges gab es für Günter G. keine Zukunft bei Schering. Nachdem Chruschtschow bei der UNO angekündigt hatte, Berlin solle eine freie Stadt werden, musste sich das Unternehmen auf die Bauvorhaben in Berlin konzentrieren. Die Sonderprojekte, für die sie Günter eingestellt hatten, fielen weg.

1958 rief Günter den Architekten in Hamburg Bergedorf an, bei dem er zuerst hatte anfangen wollen. Der war noch immer bereit, ihn für 500 D-Mark einzustellen. So kam Günter nach

Hamburg und blieb ein gutes Jahr bei seinem neuen Arbeitgeber. Nach einem kurzen Intermezzo in Triberg im Schwarzwald ging es nach Bremen. Dort hatte Günters Verlobte nach ihrem pädagogischen Studium ein Referendariat bekommen und diese Stellen waren knapp gesät, während er als Bauingenieur überall etwas finden konnte.

Günter rief einen Bremer Architekten an, der einen Mitarbeiter suchte, und wurde zu einem Treffen eingeladen. Es gab die Bremer Spezialität Labskaus zu essen und sie einigten sich, dass Günter gleich zum Jahresbeginn anfangen solle. Doch das war ein Montag und sein neuer Chef meinte, am Montag fange man keine neue Stelle an. Er solle erst am Dienstag kommen. Günter lacht.

„‚Ja‘, dachte ich", sagt Günter. „Das ist ja ein guter Anfang."

Als Günter irgendwann mehr verdienen wollte, sah er sich nach einer neuen Stelle um. Günters neuer Chef hatte sich auf kirchliche Gebäude spezialisiert. Das sei seine schönste Stelle gewesen, sagt Günter.

„Warum?", möchte ich wissen.

„Da kam der Chef runter ins Büro und hatte Skizzen dabei und sagte: ‚Hier, das ist unser neues Bauvorhaben'", erzählt er. „‚Nun zeichnen Sie mal 1:50, arbeiten Sie mal die Details aus.'" Günter kümmerte sich um die Ausschreibung, die Finanzen und die Bauüberwachung. Gemeinsam mit dem Chef fuhr er herum und suchte Tische, Stühle und Leuchten für das Gemeindehaus aus.

„Ich bin ja auch als seine rechte Hand eingestellt worden", sagt Günter.

Seine Aufgaben waren vielfältig und er konnte sehr eigenverantwortlich arbeiten. So hätte es weitergehen dürfen. Doch die Kirche baute nach und nach immer weniger. Schließlich konnte Günter es nicht mehr mit ansehen, wie sein Chef von der Substanz lebte, und sah sich nach etwas Neuem um.

Den Vorschlag der Sekretärin, Günter solle sich einmal bei der Post bewerben, fand er zunächst abwegig. Da die Bauabteilung tatsächlich jemanden suchte, meldete er sich trotzdem dort und wurde zum Chef vorgelassen, der ihm sagte, sie hätten sich eigentlich schon für jemand anderen entschieden. Oh, das wolle er um Gottes willen nicht durcheinanderbringen, lenkte Günter sofort ein. Eigentlich wollte er das ja ohnehin nicht.

„Und dann hat er mich gekriegt", sagt Günter.

„Ihre Bewerbungsunterlagen müsste ich allerdings haben", sagte der Chef. „Aber das schaffen Sie nicht bis morgen um halb zehn."

„Warum soll ich sowas denn nicht schaffen?", fragte Günter zurück. „Da hat er mich ja nu gekitzelt", sagt er zu mir.

Am nächsten Tag war Günter eine Viertelstunde vor Ablauf der Frist mit seinen Unterlagen wieder dort. Er bekam die Stelle. Zunächst zu einem Angestelltentarif, der unter seinem bisherigen Gehalt lag, aber mit der Chance auf eine höhere Eingruppierung nach Übernahme einer eigenen Baustelle. Nach und nach arbeitete Günter sich bis zur höchstmöglichen Vergütung hoch. Ihm ist wichtig zu betonen, dass er das durch Leistung erreicht hat. Er hatte die Chance bekommen und genutzt, das größte Bauvorhaben in Osnabrück zu leiten. Es handelte sich um das größte Fernmeldeamt Niedersachsens. Dort sollte er sich ein Zimmer nehmen, doch er wollte lieber täglich seine Frau und die Kinder sehen.

Damit kehren wir wieder zurück zu Günters Privatleben.

Alleinerziehender Vater

Seine Berufs- und Privatkontakte hatten sich nach und nach vermischt. Seine Frau entwickelte sich im Schulbetrieb weiter bis zur Oberstudienrätin. Sie hatten einen gemeinsamen Sohn, der eine enge Bindung zu Günter hatte, und Günter fühlte sich auch mit seinen Kollegen eng verbunden.

„Dieses Büro war wie eine Familie", sagt er.

Manchmal gingen sie nach dem Mittag noch in die Kneipe im Philosophenweg und tranken dort ein Bier. Ab und zu überzogen sie dabei die Pause und der Chef begann sie zu suchen.

Günter erinnert sich, wie der Wirt sie warnte: „Haut ab! Euer Chef kommt." Sie verschwanden ungesehen und zu ihrem Chef habe der Wirt gesagt: „Nö, die waren nicht hier." Wenn der Chef dann zurückkehrte, saßen sie fleißig arbeitend im Büro. Sie lachten viel zusammen und eine der gemeinsamen Aktionen war ein Aal-Essen, zu dem auch die achtzehnjährige Schwester der Sekretärin mitkam. Die lachte viel und war freundlich, also fragten Günter G. und seine Frau sie, ob sie einmal babysitten würde, als sie etwas unternehmen wollten. Es klappte, es kam öfter vor und sie hatten ein freundschaftliches Verhältnis. Mehr nicht.

„Wenn da einer gesagt hätte: ‚Die Junge, die heiratest du'", erzählt Günter, „ich hätte gesagt: ‚Du bist doch bekloppt. Elf Jahre Altersunterschied!'"

Günter kann bis heute nicht hundertprozentig nachvollziehen, wie es zu der Entwicklung in der ersten Ehe gekommen ist. Anfangs war die Beziehung unkompliziert gewesen, doch nach und nach haben sie sich auseinandergelebt, bis seine Frau eines Tages die Trennung wollte. Um Geld zu sparen, nahmen sie einen gemeinsamen Anwalt. Schließlich waren sie nicht zerstritten. Der war irritiert und wollte erst noch ein Gespräch mit beiden führen. Im Anschluss gab er zu: „Da ist irgendwie der Faden gerissen."

Ihr Sohn war damals fünf Jahre alt und Günters Frau willigte ein, dass er bei Günter leben würde. Sie habe nicht damit gerechnet, dass er das nach der Einschulung noch schaffen würde, vermutet Günter. Zu dem Zeitpunkt arbeitete er bereits für den Kirchenbau und sein Chef hatte privat eine ähnliche Erfahrung wie er gemacht. Günter hatte seine volle Unterstützung.

„Sie können Ihre Arbeitszeit einteilen, wie Sie wollen. Hauptsache, die Baustellen laufen." Dieser Vertrauensbeweis freute Günter besonders. Morgens um 07.30 Uhr brachte er seinen Sohn zum Kindergarten, verknüpfte damit einen Baustellenbesuch und war gegen 10 Uhr im Büro. Dort brach er um 16 Uhr wieder auf, um seinen Sohn abzuholen. Bei Bedarf hielten sie vor dem nachbarschaftlichen Kolonialwarenladen. Dort gab es im Souterrain alles, was man brauchte. Das Essen für eine Woche plante Günter systematisch, kaufte am Samstag ein Huhn, kochte und zerlegte es. In der Woche gab es dann Speisen wie Hühnersuppe, Frikassee und gebratene Keulen und in der folgenden Woche gab es einen neuen Plan.

„Konnte sie natürlich nicht verstehen, dass das alles klappte", sagt Günter über seine Ex-Frau.

‚Ja', denke ich. ‚Da hat ihn wieder jemand bei seinem Stolz gepackt. Und dann ist Günter G. nicht zu bremsen.'

Dass er derjenige war, der erziehen musste, während die Mutter den Sohn bei seinen Besuchen verwöhnen konnte, war Günter klar. Deshalb hat es ihm viel bedeutet, als sein Sohn einmal nach einem Besuch früher von der Mutter zurückkam, weil er „nach Hause" wollte. Das war bei Papa.

Wieder eine richtige Familie

Als Günter mit seinem Sohn in die Bismarckstraße umzog, halfen ihm seine frühere Kollegin und ihre Schwester Bärbel, die der Sohn inzwischen durch das Babysitting gut kannte. Danach kam Bärbel auch manchmal abends und Günters Sohn fragte eines Tages: „Kommt etwa dieses Fräulein R. heute wieder?" Er meinte, es könne ihn auch einmal jemand anderes beaufsichtigen.

Günter erfüllte ihm den Wunsch. Doch sein Sohn mochte die Neue so wenig, dass er nicht einmal die Schokolade aß, die sie ihm schenkte. Bärbel kam auch weiterhin. Während sie das Abendbrot vorbereitete und Günter noch etwas arbeitete, malte sein Sohn ein Bild. Darauf war zu sehen, wie er in seinem Zimmer spielt, wie Bärbel in der Küche kocht, sein Vater am Reißbrett zeichnet – und wie sie alle drei gemeinsam am Tisch sitzen.

Das sei ja ein süßes Bild, meinte Günter anerkennend zu seinem Sohn.

„Ja", antwortete sein Sohn. „Jetzt sind wir wieder eine richtige Familie."

‚Fräulein R.', wie er sie das eine Mal genannt hatte, war also endgültig akzeptiert.

„Dann heirateten wir und mein Sohn bekam noch zwei Geschwister", erzählt Günter. „In zwei Jahren feiern wir die Goldene."

Günter weist aus dem Fenster und erklärt mir, dass dort vorne an der Straße früher Bärbels Großmutter lebte. Es war der Vorschlag dieser Großmutter, dass sie hinten auf dem Grundstück bauen sollten, doch es gab ein Hindernis: Auf der Zuwegung zum hinteren Grundstück stand ein Bunker, den Bärbels Großvater mit den Nachbarn gebaut hatte. Die Decke des Bunkers war 1,80 Meter dick und mit Splitterschuttsteinen ummantelt.

Die erste Hürde war die Abbruchgenehmigung. Günter musste etwas tricksen, um sie zu bekommen. Die nächste Hürde war die Decke des Bunkers. Schon nach drei Zentimetern kam Günter mit dem Presslufthammer nicht weiter. Aufgeben war keine Option, also ließ er sich vom THW einen spezialisierten

Sprengmeister empfehlen. Der stellte fest, dass 400 Bohrlöcher in Abständen von 30 Zentimetern für Sprengstoff nötig wären und eine Zündung des Sprengstoffs in Abständen von Millisekunden. Sonst wären die umliegenden Häuser mit verschwunden.

Dass Günter als Ingenieur für Hochbau selbst messen und berechnen konnte, beschleunigte den Prozess. Trotzdem musste er dem Sprengmeister das Spezialbohrgerät mit viel Überzeugungskraft abringen, sonst hätten sich alleine die Bohrungen viele Wochen hingezogen. Die 400 Löcher bohrte Günter G. selbst. Bis heute ist Günter gerührt und dankbar für die Unterstützung, die er bekam. Von den 400 Ballen Stroh, die er für die Sprengung brauchte, musste er nur die kaputten zahlen. Besonders der Nachbar, an dessen Grundstück der Bunker grenzte, blieb entspannt und humorvoll. Vor der Sprengung erzählte der, er würde nun mit seiner Frau essen gehen. Wenn sein Haus anschließend weg sei, könne der Bauingenieur von nebenan ihm ja sicher ein neues bauen. Auch als die tonnenschwere Abrissbirne mehrfach auf die Bunkerdecke krachte, kommentierte der Nachbar nur, sie hätten die klirrenden Weingläser doch lieber aus dem Schrank herausgeräumt.

Eines Abends, als seine Frau zur Baustelle kam, konnte Günter zu ihr sagen: „Komm, jetzt laufen wir über den Bunker."

Heute ahnt man nicht, welch ein Hindernis einst auf dem Weg zur versteckten Haustür gestanden hat. Ihr Haus hat Günter selbst entworfen und viel Eigenleistung erbracht.

Bei Günter G. bin ich auf einen mitreißenden Erzähler gestoßen, doch unsere Gesprächszeit neigt sich dem Ende zu.

Worauf es ankommt

Wieder stelle ich meine Fazit-Frage: „Wenn Sie auf Ihre Erzählung zurücksehen, was würden Sie jüngeren Leuten empfehlen? Worauf kommt es im Leben an?"

Günter antwortet sofort und mit viel Herzblut: „Immer an das glauben, was man will."

„Den Willen muss man haben", wiederholt er. „Wenn man zu weich ist, bleibt man immer hinten dran. Man muss deshalb nicht rücksichtslos sein, um Gottes willen!" Es gehe ihm nicht um Ellenbogenmentalität, betont er. Vielmehr möchte er für Hartnäckigkeit werben.

„Das, was man sich vornimmt, das muss man versuchen zu erreichen", setzt er noch einmal an. „Und wenn man will, schafft man es auch. Vielleicht nicht alles, aber das meiste."

Mir geht noch etwas anderes durch den Kopf, was mir an Günters Geschichte aufgefallen ist. Ich frage, ob er sich wirklich nie gescheut habe, Verantwortung zu übernehmen.

„Nö. Immer mitten rein", sagt Günter. „So nach dem Motto: Kriegen wir hin, ist alles Organisation."

Wenn er zum Beispiel als Projektleiter 76 bis 80 Millionen DM zur Verfügung hatte und 2,5 Jahre bis Bauabschluss, dann habe er das auch so gemacht. Er ist fassungslos, wenn er hört, was an heutigen Großbaustellen alles nicht bedacht wird.

„Ich versuche, immer alles zu durchdenken, wie das ablaufen könnte, und dann klappt das auch", erklärt er.

Ich soll also wissen, was ich will, hartnäckig dranbleiben und gut organisieren. Unwillkürlich erinnere ich mich an einen Buchtitel von Richard Branson und frage Günter, ob er den kenne. Er verneint.

„Von dem gibt es ein Buch mit dem Titel ‚Geht nicht, gibt's nicht'", sage ich.

„Genau", stimmt Günter zu und lacht. „Genau!

Was mir an Günter besonders aufgefallen ist: Er beschäftigt sich intensiv mit den Fakten und ist mit dem Herzen bei der Sache. Das sind die Kernthemen, die ich aus diesem Gespräch für mich mitnehme:

- Etwas wirklich wollen und hartnäckig dranbleiben.
- Verantwortung und Herausforderungen annehmen.
- Sich begeistern und sich in die relevanten Themen einarbeiten.
- Vorausschauend denken.
- Mit lieben Leuten viel lachen.
- Sich helfen lassen und dankbar für Unterstützung sein.
- Zu den eigenen Leistungen stehen.

18 Uhr ist verstrichen und Günter gibt mir noch eine DVD mit: „Mahlzeit Deutschland", eine Produktion des NDR. Auch dafür ist er interviewt worden.

DELA UND FRITZ H.: GEMEINSAM LACHEN

„In jeder Minute, die du im Ärger verbringst, versäumst du 60 glückliche Sekunden deines Lebens." (Albert Schweitzer)

Dela und Fritz H. sind ein Ehepaar, das in Stuhr nahe Bremen lebt. Als ich Ende Februar 2016 zu ihnen fahre, ist mir noch nicht klar, wie ich das Doppel-Gespräch strukturieren werde. Auf dem großen Grundstück angekommen, muss ich erst einmal das richtige Haus ausmachen, doch ich stehe pünktlich um 15 Uhr vor der richtigen Tür. Nach meinem Klingeln passiert erst einmal nichts. Ich versuche es noch einmal und warte wieder ab. Schließlich weiß ich nicht, wie gut die beiden zu Fuß sind. Letztlich rufe ich doch an und Sekunden später erscheint Fritz H. an der Haustür. Es ist ihm unangenehm, dass ich zwei oder drei Minuten warten musste. Sie hatten die Klingel nicht gehört. Fritz H. ist ein kleiner, ordentlicher, flinker Mann. Auch seine Frau Dela kommt mir im Flur entgegen. Obwohl sie zehn Jahre älter ist als ihr Mann, wirkt sie sehr fit auf mich.

Im hell eingerichteten Wohnzimmer ist der Kaffeetisch gedeckt und der Blick durch das große Fenster geht ins Grüne. Ich darf am Kopfende sitzen, während sich Fritz und Dela H. links und rechts von mir setzen.

Fritz ist mein Ausnahme-Interviewpartner, das ‚Küken' des Buches. Erst Anfang 2017 wird er 80 Jahre alt. Doch weil es die einzige Doppelgeschichte ist, mache ich gerne eine Ausnahme. Es ist ja auch nicht davon auszugehen, dass er seine Ansichten im kommenden Jahr komplett ändern wird.

Erst einmal erkläre ich auch hier meine Buchidee und die eigentliche Altersgrenze.

„Elf Monate muss ich noch warten", sagt Fritz.

„Und dann machen wir eine große Fete", sagt Dela. „Dann feiern wir den 170. Den 150. haben wir auch gefeiert."

Bei mir ist es umgekehrt. Mein Mann ist zehn Jahre älter als ich. Vor nicht allzu vielen Jahren haben wir unseren 90. Geburtstag zusammen gefeiert. Dass die Altersverteilung andersherum ist, erlebe ich selten, doch hier scheint es sehr gut zu passen. 55 Jahre seien sie bereits verheiratet, erklären die beiden. Im November werden es 56 Jahre.

Fritz sei nicht so fürs Feiern, erzählt Dela. Bei einem Geburtstag im Januar biete sich das auch nicht so sehr an. Das sei wie bei Günters Frau. Es gibt nämlich verwandtschaftliche Beziehungen mit meinem vorherigen Gesprächspartner, von denen ich nichts wusste: Günters Frau ist die Tochter von Delas Cousine. Bis heute haben sie viel Kontakt. Günter G. begrüße Dela gerne mit „Familienoberhaupt".

„Ja, ich bin die Älteste in der Familie", sagt Dela.

„Und deshalb ist sie das Familienoberhaupt", ergänzt Fritz.

So spielen sich die beiden die Gesprächs-Bälle zu. Für mich ist in der ersten Viertelstunde kein klarer Wortführer zu erkennen und ich freue mich über die Entscheidung, sie gemeinsam zu befragen.

Von Haus zu Haus: Wohnstationen

Dela H. beginnt zu erzählen, wie sie mit einer Wohnung in Bremen Huchting ganz klein angefangen haben. Daraufhin hätten sie ein Reihenhaus in Bremen Marßel gekauft. Sie überlegt, wie lange genau sie dort gewohnt haben. Waren es 38 Jahre?

Fritz rechnet nach. 1963 wurden sie dort ins Grundbuch eingetragen, 2000 sind sie weitergezogen nach Ottenstein im Westmünsterland. 37 Jahre waren sie also in der Trelleborger Straße.

„Da haben wir eine Doppelhaushälfte gekauft", sagt Fritz über ihren Umzug nach Ottenstein. „Wir haben unser Haus in der Trelleborger verkauft und den Erlös dort gleich wieder angelegt." Der Grund des Umzugs war die Tochter, die mit den Enkeln im Münsterland lebte. „Wir wollten gern ein bisschen zusammenleben", erklärt Fritz. „Hat auch ganz gut geklappt, aber nach sechs Jahren kriegte meine Frau Heimweh nach Bremen."

Dela erzählt, im Münsterland sei es schwierig gewesen. „Die Menschen, da kamen wir nicht ran", sagt sie.

„Die Menschen sind anders dort", bestätigt Fritz. „Die leben anders und es ist ja auch streng katholisch." Schweren Herzens habe er das Haus verkauft, von dem er sich nur schwer trennen konnte. „Aber ich hab' natürlich Rücksicht genommen auf meine liebe Frau", sagt Fritz mit Schalk in der Stimme und sie lacht fröhlich. „Sie hatte da keine Verbindung und sie war sehr, sehr angespannt."

So sind sie in der jetzigen Wohnung in Stuhr gelandet. Das sei ein eigenartiger Weg gewesen, meint Fritz. Sie waren zu Besuch in Bremen und sahen sich den Wohnungsmarkt in der Samstagsausgabe der Zeitung an. Die Anzeige ihres heutigen Vermieters hat ihnen gleich zugesagt. Fritz rief an und sie konnten sich die Wohnung noch am selben Tag ansehen.

„Da haben wir sie eigentlich ganz schnell gewollt", sagt Fritz.

„Ja", bestätigt Dela.

„Und seitdem wohnen wir nun hier, seit zehn Jahren", sagt Fritz.

Anlässlich dieses Jubiläums haben die Vermieter sie zum Stinte-Essen eingeladen.

„Wir haben ein nettes Verhältnis zu unseren Nachbarn", sagt Dela. „Ihre Tochter wohnt in einem Einzelhaus da drüben mit ihrer Familie. Und die Enkelin hat Konfirmation. Da sind wir auch zu eingeladen. Also, wir sind hier so ein bisschen ..."

„ ... Wir sind integriert, würde ich mal sagen", erläutert Fritz.

„Anders eben als da", sagt Dela, bezogen aufs Westmünsterland.

Obwohl es bedeutete, das Haus aufzugeben, fühlen sie sich in Stuhr wohl. Die Verwandtschaft ist in der Nähe und sie müssen nicht mehr bei dem ganzen Lastwagenverkehr alltags auf der A1 unterwegs sein.

„Ich bin ja so ein guter Fahrer", sagt Dela, während Fritz amüsiert lacht. „Wenn mein Mann einparkt, dann geh ich mit den Füßen zur Seite."

„Sie will nicht den Bordstein berühren", sagt Fritz.

„Und ich sag auch immer Bescheid, wenn er bremsen soll", sagt Dela.

„Ja. Sie sagt: ‚Da vorn, guck mal, der bremst.' Ich sag: ‚Seh ich. Es entgeht mir nicht.'"

„Nee", sagt Dela voller Selbstironie. „Aber er ist mir ganz dankbar."

„Sie scheinen das ja mit Humor zu nehmen", werfe ich ein.

Beide lachen laut los.

„Sie können's ohne Humor gar nicht ertragen", sagt Fritz. „Ein so langes Eheleben ist sonst nicht möglich. Und ein kleines bisschen Beschränktheit gehört da manchmal auch zu."

Dela lacht währenddessen laut und herzlich weiter. „Wir sind viel am Lachen", sagt sie. „Und wir nehmen das auch alles nicht so ernst. Was soll's? Man muss sich doch nicht aufregen. Es nützt nichts."

In dem Überblick über die Wohnstationen wurde deutlich, wie schwer Fritz H. sich mit dem Verkauf des Hauses in Ottenstein getan hat. Nun will ich wissen, was ihm geholfen hat, das zu verknusen.

„Ich hab' mich einfach dran gewöhnt. Ich hab's verdrängt. Also, abgearbeitet ist das noch nicht", gibt Fritz zu.

Wieder einmal habe ich jemanden vor mir, der offen benennt, was nicht angenehm war. Er redet nichts schön, er beschäftigt sich aber auch nicht dauernd mit dem Unangenehmen. Dass es seiner Frau gut geht, war ihm offenbar wichtiger und der Hausverkauf war der Preis dafür. Er hat daran zu knabbern, stellt aber die Entscheidung mit keinem Wort infrage.

Inzwischen seien auch der Enkel und die Enkelin in Bremen, erzählt Dela. Nur ihre Tochter lebt mit ihrem jetzigen Mann noch im Westmünsterland. „Sie war uns aber sehr dankbar, dass wir da waren", sagt Dela. „Als sie von ihrem Ehemann hier in Bremen getrennt war, lebte sie eine Zeit lang da allein, musste arbeiten und wir waren da." Noch heute sage die Enkelin, wie schön es gewesen sei, dass die Großeltern da waren, wenn ihr Bruder und sie aus der Schule kamen. Das Essen stand bereit, sie haben bei den Schularbeiten unterstützt und zugehört, wenn die Enkelin erzählen wollte. Das weiß sie bis heute zu schätzen.

Die Enkelkinder machten zu der Zeit auch ihren Führerschein. Während die Tochter einen achtstündigen Arbeitstag hatte, holte Fritz H. seinen Enkel immer irgendwo ab oder fuhr ihn zu seinem Boot an den See.

„Wir können das alles auch mal bildlich darstellen und belegen, damit Sie einen Eindruck kriegen", sagt Fritz. „Also, unsere Ehe ist bisher super!"

„Ja. Ja!", bestätigt Dela nachdrücklich.

Familienleben

Scherzhaft frage ich, ob die Ehe auch so super klingen würde, wenn ich einzeln mit ihnen sprechen würde.

„Ja, ich würde das automatisch bestätigen", sagt Fritz. „Es ist so: Ich würde sie immer wieder heiraten. Das ist klar."

„Ich war seine große Liebe", sagt Dela. Anders sei seine damalige Entscheidung auch kaum zu erklären. „Es ist so: Ich war 34, hatte eine Mutter und einen Sohn. Mein Mann war 24. Und da haben wir geheiratet. Das würde jetzt ja kein Mensch mehr machen." Dela überlegt kurz, wie lange ihre Mutter bei ihnen war. „Die hat bei uns gewohnt – 30 Jahre, oder?"

„Ja, Mutti hat 30 Jahre bei uns gewohnt", sagt Fritz.

Heute bestehe ihr Mann immer darauf, regelmäßig auf dem Friedhof nach dem Rechten zu sehen, erzählt Dela. Weil ihre Mutter da war und nach den Kindern sah, konnte Dela arbeiten gehen und hat heute eine vernünftige Rente. Das betone Fritz immer. „Also, das erkennen wir alles an", sagt Dela. „Aber wir haben auch viel Spaß mit Mami gehabt."

„Das war ... die hatte auch Humor", sagt Fritz.

Oft konnten die beiden über Delas Mutter lachen. Eines Tages kam Fritz von der Arbeit an den gedeckten Tisch und bewunderte die leckere Wurst, die dort lag."

„Die hat Ruthchen mir mitgebracht", habe die Mutter gesagt. „Das ist *meine* Wurst."

Leise hätte er gesagt: „Friss doch deine Wurst alleine."

„Das tu ich auch", habe sie bestimmt geantwortet.

Fritz und Dela lachen. Dela erzählt, ihre Mutter habe sonst schlecht gehört, aber gerade das habe sie verstanden. „Aber, wie gesagt, wir haben viel Spaß gehabt und haben es auch nicht als Belastung empfunden, dass Mami da war."

Die Mutter hatte ihr eigenes Reich, in das sie sich zurückzog, wenn Fritz nach Hause kam. Das habe sich so ergeben. Später sei sie da auch mit einem eigenen Fernseher ausgestattet gewesen.

„Ja, und unser Sohn, da verstehen wir uns auch gut mit", sagt Dela. Er hatte zwischenzeitlich eine Familie geheiratet, aber das sei wieder auseinandergegangen. Heute lebt er ohne Familie in Bremen Nord. Am vergangenen Freitag sind sie gemeinsam essen gegangen, wie sie es einmal im Monat machen. Diesmal hatten sie es etwas verschoben, weil Delas langjährige Freundin verstorben war. 78 Jahre kannten die beiden sich. „Und da waren wir zweimal die Woche", sagt Dela. „Da ist das so ein bisschen verblieben mit meinem Sohn. Aber sonst: Alles in Ordnung."

„Alles paletti", sagt Fritz.

Kurz muss ich an mein Gespräch mit Hanna S. denken. Der Zusammenhalt der Familie scheint diesen beiden ähnlich wichtig zu sein wie ihr.

Auch der Enkel rufe dann und wann an. Beiden ist wichtig, dass er das aus eigenem Antrieb tut, nicht aus Pflichtgefühl. Deshalb würden sie ihn auf keinen Fall dazu drängen. Seiner Freundin hat er erzählt, dass die Großeltern viel mit ihm unternommen haben und dass das eine schöne Zeit war. Zum Beispiel nahmen sie ihn mit nach Tirol oder waren mit der ganzen Familie am Timmendorfer Strand.

„Wir haben uns immer um alle gekümmert", sagt Dela. „Und das hat uns auch nicht geschadet und wir hatten auch viel davon. Finde ich jedenfalls. Man hat auch viele Erinnerungen jetzt."

Dela: „Schrecklicher als Kaffee ohne Milch"

Ich bitte Dela, mit ihren Erinnerungen noch einen Schritt weiter zurückzugehen und von ihrer Kindheit zu berichten.

Dela H. ist 1927 in Bremen geboren und hat mit ihren Eltern in einem Einfamilienhaus nahe der Bremer Innenstadt gelebt. Mit elf Jahren kam sie ans Kippenberg-Gymnasium. Dort lernte sie ihre Freundin Renate kennen, die kürzlich verstorben ist. Auch eine Freundin, die heute in Amerika lebt, lernte sie damals bereits kennen und hält bis heute den Kontakt zu ihr.

1944 wurden sie ausgebombt und kamen aufs Land nach Moorhausen, Sankt Jürgen. Es gehört heute zur niedersächsischen Gemeinde Lilienthal.

„Dann hab' ich da geheut und hab' gemolken und dann kriegte ich ordentlich was zu essen", erinnert sich Dela. „Das haben die ja anerkannt, die Bauern."

Ich möchte wissen, wie sie den Krieg erlebt hat. Im Jahr 1944 mussten sie oft mehrfach am Tag mit ihrem Gepäck in den Bunker. Auch nachts haben sie über dem Nachtzeug noch andere Kleidung getragen, weil sie wiederholt aufstehen mussten.

„Und dann sind wir raus", sagt Dela, „und dann haben wir die Scherben aus dem Bett geschüttelt und sind wieder reingeschlüpft." Man könne sich das jetzt gar nicht mehr vorstellen.

Mitte August 1944, als sie ausgebombt wurden, war es sehr heiß. Sie mussten an diesem Tag drei- oder viermal in den Bunker.

„Da habe ich meinen Koffer da gelassen", sagt Dela. „,Die fliegen ja sowieso nach Berlin', hab ich immer gesagt. Und dann, auf einmal, kehrten sie um und haben den ganzen Kladderadatsch bei uns gelassen."

„Der Westen ist völlig bombardiert worden", erklärt Fritz.

„Durch so hoch Schutt, der noch dampfte, sind wir dann rausgegangen", sagt Dela und hält ihre Hand 60 bis 80 Zentimeter über den Fußboden. Sie gingen zunächst auf die andere Weserseite in die Neustadt.

„Da stehen zwei Damen im Vorgarten und sagen: ,Ich möchte mal wissen, wann der Milchmann kommt. Ich finde ja nichts schrecklicher als morgens Kaffee ohne Milch.'" Darüber schüttelt Dela bis heute erstaunt den Kopf. „Das vergess' ich nie. Das sind so Erinnerungen ... Aber sonst, man war jung ..."

Ich hake nach, ob es bei ihr keine Albträume gegeben hat.

„Nein. Nein, nein", antwortet Dela bestimmt. „Kenne ich sowieso nicht, Albträume. Also, da bin ich ein bisschen ..."

„Meine Frau ist ausgeglichen", sagt Fritz. „Ziemlich ausgeglichen, ja. Sie belastet sich auch nicht mit Dingen."

„Das will ich nicht. Ich will mich nicht belasten", sagt Dela. „Was soll's? Ich ändere ja nichts."

Den Nachteil einer solchen Belastbarkeit beschreibt sie so: Sie könne andere manchmal schwer verstehen, denen es anders geht. Bei einer Freundin, die unter Depressionen litt, habe sie einmal richtig „bescheuert" reagiert. Auf die Mitteilung, dass ihre Freundin gerade in einer tiefen Depression versinke, habe sie spontan gesagt: „Musste gar nicht machen."

Diese Freundin hat ihr später gesagt: „Du hast vielleicht blöde reagiert." Dela lacht und mir wird klar: Sie kann eigene Fehler erkennen, dazu stehen und sogar darüber lachen.

Fritz und Dela H. sind sich da sehr ähnlich. Wenn es anderen in der Familie psychisch nicht gut geht, kümmern sie sich, ohne es ganz nachvollziehen zu können.

„Wir begreifen es nicht", sagt Dela. „Wir können uns da nicht hineinversetzen. Das kennen wir nicht, beide nicht." Das gelte selbst nachts, wenn sie aufwachen. Dann müsse nur einer etwas Blödsinn reden und sie könnten sich schon wieder totlachen. „Also, wir lachen sehr viel."

„Wir lassen alles andere nicht an uns heran", sagt Fritz. „Das ist es wohl."

Das Rezept dafür können sie mir nicht verraten. Sie beschäftigen sich einfach nicht mit den möglichen Belastungen. Im Nachhinein überlege ich, warum das überhaupt nicht egoistisch auf mich gewirkt hat. Die Antwort ist einfach: weil sie sich nicht kopfschüttelnd von den Schwierigkeiten anderer abschotten, sondern ihre Kraft nutzen, um sich zu kümmern.

1947 kam Delas Vater aus der Kriegsgefangenschaft zurück. Er war Mitarbeiter der Bremer Landesbank und so bekamen sie ein Zimmer mit Küche in der Bremer Landesbank.

„Damals war das ja so. Da wurde beschlagnahmt", sagt Dela.

Als ich Dela nach Geschwistern frage, antwortet Fritz mit scherzhaftem Unterton für sie: „Einzelkind – verwöhnt von hinten bis vorne. Das hat sich ja dann auch weiter fortgesetzt."

1952 heiratete Dela ihren ersten Mann und 1953 wurde ihr Sohn geboren. Sie arbeitete im Jugendherbergswerk, wo Fritz 1957 ebenfalls anfing.

„Ja, und da haben wir uns verliebt, und ich hatte auch keine gute Ehe", sagt Dela. „Das war ... ich war nur noch so klein und ging bald krumm." Der Arzt sagte ihr, er könne da nichts machen. Es seien seelische Belastungen, die auf ihrem Rücken säßen. Schließlich ließ sie sich scheiden.

Dieses Thema möchte Dela offensichtlich gerade nicht vertiefen. Die Auswirkungen der ersten Ehe auf ihren Rücken müssen mir vorerst genügen, um zu erahnen, wie schwierig es war. Sie scheint einen ähnlichen Umgang mit vergangenen Schwierigkeiten zu pflegen wie ihr Mann: klar benennen, nicht schönreden, aber auch nicht auswalzen. Etwas später sind wir noch einmal zu diesem Thema zurückgekehrt.

Dela zog mit ihrem Sohn zunächst alleine in die Huchtinger Wohnung. Fritz und sie amüsieren sich darüber, wie anders die damaligen Moralvorstellungen gegenüber heute waren. Sie waren verlobt, standesamtlich verheiratet, aber die kirchliche Trauung stand noch aus. Nach dem Polterabend kehrte Fritz mit Bus und Bahn in seinen eigenen Stadtteil zurück.

„Auf die Idee sind wir gar nicht gekommen, dass er ja schon da bleiben konnte", sagt Dela. „Oder vorher überhaupt bei uns schlafen, das war ..."

„Das war nicht üblich", führt Fritz den Satz zu Ende. „Das ist heute ja überhaupt ganz was anderes."

Beide reden kurz fröhlich durcheinander und lachen darüber, wie „bekloppt" das aus heutiger Sicht wirkt. Ich werfe ein, dass Scheidung zu der Zeit ja auch noch nicht ‚normal' war, und möchte wissen, ob sich andere Menschen deshalb von ihnen abgewandt haben. Delas enge Freundinnen sind geblieben. Zu dem gemeinsamen Freundeskreis mit ihrem Mann ist die Verbindung weggefallen, aber das war Dela auch recht so.

„Mein Mann war auch ein bisschen drollig", sagt Dela.

„Der erste", mischt Fritz sich schnell ein. „Dass wir das jetzt hier klarstellen." Wir lachen.

Als Beispiel erzählt Dela, wie sie eine Wandvase verschenkt hatten. Jedes Mal, wenn sie dann dort zu Besuch kamen, ließ ihr erster Mann sich übertrieben darüber aus, wie herrlich sich die Vase gerade an dieser Wand mache oder wie besonders die Blumen darin aussähen.

„Also, ich kann sowas nicht ab", sagt Dela.

Fritz: „eine normale Kindheit"

Mit Fritz, den sie 1960 geheiratet hat, hatte Dela es besser getroffen. Offenbar haben sich da zwei Menschen gefunden, die das Leben gemeinsam genießen können. Was ist in Fritz' Leben passiert, bevor er Dela traf?

Fritz H. ist 1937 in Bremen geboren. „Also, ich habe eine normale Kindheit gehabt", sagt er. „Wir haben in Hastedt gewohnt mit der Familie." Auch das ist ein Bremer Stadtteil. „Mein Vater ist leider gefallen im Weltkrieg", fährt er dann fort. „Das war auf dem Geburtstag meiner Mutter, 1944, das weiß ich noch genau." Er fiel im Oktober in Estland, ein halbes Jahr vor Kriegsende. Doch das ist noch nicht alles.

„Ich hatte noch einen Bruder", fährt Fritz fort. „Der ist 1944 im Juli gestorben, an toxischer Diphterie. Das war damals nicht heilbar." Zur Beerdigung war sein Vater noch einmal nach Hause gekommen.

Eine „normale Kindheit" in Kriegszeiten. Ich muss mich an dieser Stelle noch einmal vergewissern, ob ich richtig gehört habe: „Dann hat Ihre Mutter ja den Sohn und den Mann verloren – in einem Jahr."

„In einem Jahr", bestätigt Fritz. „Ja, das war grausig. Wenn man das heute so erzählt, sagt man: Na und, Millionen anderen ist das genauso passiert. Selbstverständlich. Nur, ..."

„... das macht es nicht leichter", führe ich diesmal den Satz fort.

„Es ist so", stimmt Fritz zu.

Bewunderung und Dankbarkeit äußert er für seine Mutter, die ihre drei übrigen Kinder danach alleine versorgen musste. Drei Kinder, die alle drei 1937 geboren sind: Fritz im Januar, seine Schwestern, die Zwillinge, Ende Dezember. Die Mutter sorgte dafür, dass alle drei eine Ausbildung machen konnten. Fritz lernte Großhandelskaufmann bei einer Bremer technischen Großhandlung, die es heute nicht mehr gibt. Er kann mir die genauen Daten nennen: Vom 1.4.1951 bis 1954 ging die Lehrzeit. Er blieb nach der Ausbildung noch drei Jahre im Unternehmen und fing am 1.7.1957 im Jugendherbergswerk an.

Dela überlegt laut, ob es genau 20 Jahre waren, die er dort geblieben ist.

„Da bin ich gewesen bis 30.6.1977", sagt Fritz. Genaue Daten liegen ihm. Im Anschluss arbeitete er nur ein halbes Jahr in der Buchhaltung eines Bremer Krankenhauses. „Das hat mir nicht gefallen", sagt Fritz.

Ich will wissen, woran es lag, und erfahre, dass es die Tätigkeit war. Er musste der Küche zuarbeiten, zum Beispiel berechnen, wie viel an Lebensmitteln pro Person rausging. Das war ihm zu viel „Erbsenzählerei". Mir fällt erst beim Schreiben auf, wie gut der Ausdruck zu Lebensmittelberechnungen passt. Doch ganz nachvollziehen kann ich die Schritte im Gespräch noch nicht und frage deshalb, warum Fritz H. das Jugendherbergswerk verlassen hat.

„Ich hab' mich nicht mehr wohlgefühlt beim Jugendherbergswerk", sagt Fritz.

„Es war ein neuer Chef gekommen", erläutert Dela.

„Es hat einen neuen Chef gegeben", bestätigt Fritz. „Mit ihm verstand ich mich nicht ... da hab' ich vieles nicht eingesehen. Und dann haben wir die Konsequenzen gezogen". Das ‚wir' macht mir klar, dass er solche Entscheidungen selbstverständlich mit seiner Frau gemeinsam trifft. Die Entscheidung für das Krankenhaus sei eben ein Fehlgriff gewesen. Stattdessen fing er danach bei dem Beerdigungsinstitut an, bei dem auch Dela inzwischen arbeitete. Zusammen zu arbeiten und zusammen zu leben hat auch hier wieder funktioniert. Von 1978 bis zu seinem Renteneintritt im Jahr 2000 blieb Fritz dort.

Gemeinsame Werte

Wir wenden uns wieder den Themen Ehe und Familie zu. 1962 bekamen Fritz und Dela ihre gemeinsame Tochter. Der neun Jahre ältere Bruder habe ihr immer beigestanden und sie habe ihn immer vorgeschickt.

„Und dann hat er gesagt: ‚Sie hat überhaupt keine Schuld'", erinnert sich Dela. „‚Das ist ungerecht, dass ihr sie bestraft!'"

1963 ergab sich plötzlich die Gelegenheit, sehr schnell ein Haus zu kaufen. „Das hat sich auch ganz ominös ergeben", sagt Fritz. Sein Chef hatte über die Bremer Wohnungsbaugesellschaft ein Haus erworben und ihm den Tipp gegeben, sich ebenfalls in dem Neubaugebiet umzusehen. Er ließ sich einen Termin geben und erfuhr, dass nichts mehr frei sei.

„Drei Tage später war einer abgesprungen", erinnert sich Fritz. „In der Trelleborger Straße. Das Haus sei fast fertig".

„Und da haben wir uns bei Bekannten Geld geliehen", sagt Dela.

„Ja, wir haben uns das Geld zusammengeschnorrt", stimmt Fritz zu. Die Rückzahlung war allerdings gesichert. „Ich habe mein Rauchen aufgegeben vor 40, 45 Jahren. Und da hab ich gesagt: ‚Damit wir das Geld nicht einfach wieder so in den normalen Haushalt stecken, nehmen wir einen Bausparvertrag, legen noch etwas dazu', und der wurde zuteilungsreif zu der Zeit."

Dela sagt, dass sie bis heute über ihre Finanzen Buch führe. Auch Fritz betont, dass sie ihr Geld zusammenhalten und dass nichts unbemerkt „flöten geht." Andererseits sei es ihnen immer wichtig gewesen, für die Kinder und Enkel auch finanziell da zu sein und großzügig zu sein.

Ich möchte wissen, ob sie sich selbst gegenüber weniger großzügig sind.

„Für uns ist das nicht so wichtig", sagt Fritz. Ihre Urlaube hätten sie sich ja leisten können. Urlaub ist das Stichwort, das uns zum nächsten Thema führt. Anfangs waren da die Familienurlaube. Doch auch später hatten sie fast immer andere Menschen dabei, Freunde oder Verwandtschaft. Eine Freundin nahmen sie mehrfach mit, nachdem sie ihren Mann verloren hatte, dann eine andere, der es gerade nicht so gut ging.

„Wir haben immer die Leute mitgenommen, denen es nicht gut ging", erläutert Fritz. Er beschreibt das als einen Gewinn für beide Seiten. Sie hätten selbst davon auch etwas gehabt.

Dela sieht das genauso: „Wir haben ja auch viel Spaß gehabt. Man macht dann so ein bisschen Blödsinn." Sie erinnert sich lebhaft daran, wie ihr Mann schon auf dem Weg zum Baden die Badekappe aufgesetzt hat und gegangen ist, als hätte er O-Beine.

„Wir haben nur gelacht", sagt sie.

Gemeinsam im Bestattungsinstitut

Dela H. war nach der Geburt der Tochter 1963 beim Jugendherbergswerk ausgestiegen. Zunächst machte sie danach stundenweise Abschlüsse für das Jugendherbergswerk. „Aber dann wurde die Lüttje ja größer", sagt Dela. Über eine Zeitarbeitsfirma war sie zunächst bei einem Steuerberater, dann bei einem Gütersachverständigen tätig. Bei dem blieb sie drei oder vier Jahre und verdiente gut. Die inoffizielle Entscheiderin über das Gehalt war die Sekretärin und frühere Freundin des Chefs.

„Wenn er unterwegs war mit seinem Porsche", erinnert sich Dela, „dann rief er an und sie sagte: ‚Mein Gott, musst du jetzt anrufen. Ich hab' gerade so ein gutes Blatt in der Hand.' Da haben wir Skat gespielt."

Nachmittags ging Dela in verschiedene Handwerksbetriebe und erledigte dort die Buchhaltung. 1977 verunglückte der Chef und die Gütersachverständigen-Firma wurde aufgegeben. Im selben Jahr fing Dela beim Beerdigungsinstitut an und im Folgejahr kam ihr Mann dazu.

„Da habe ich mich eigentlich immer ganz wohlgefühlt", sagt sie. „Sicher, so ernst kann man das alles nicht immer nehmen. Man darf nicht immer traurig sein. Das darf man nicht an sich herankommen lassen." Sie überlegt kurz. „Was berührt: Wenn Kinder sterben."

Fritz erzählt daraufhin, dass sie im Beerdigungsinstitut alle anfallenden Arbeiten erledigt hätten, nicht nur die Buchhaltung. Er machte noch eine mehrmonatige Ausbildung zum fachgeprüften Bestatter und dürfte bis heute als solcher tätig werden. Neben der Buchhaltung führte er Vorgespräche, erledigte Behördengänge, leitete Trauerfeiern und organisierte die Fahrer. Nur Einsargungen und Fahrdienste waren nicht seine Aufgaben. Lange Zeit gehörte der Bereitschaftsdienst dazu. Dabei ging es zum Beispiel um nächtliche Unfälle mit Todesfolge, um Selbstmorde und Ähnliches. Rund um die Uhr mussten zwei Personen und ein Fahrzeug in Rufbereitschaft sein, falls die Behörden solche Fälle meldeten. Die Anrufe wurden in die Wohnung desjenigen mit Rufbereitschaft umgeleitet, der den Dienstplan der Woche parat haben und die Fahrer losschicken musste.

„Wir konnten immer nur 14 Tage in Urlaub fahren", berichtet Dela. „Und kaum waren wir zu Hause, dann hat mein Mann sich zurückgemeldet." Nach dem Urlaub wurde nur kurz gefragt, dann bekam Fritz den ganzen Ärger der letzten 14 Tage erzählt und versuchte, alles wieder auszugleichen. Sogar ein Betriebsrat wurde gegründet.

Ich frage, was das Betriebsklima so gedrückt hat. Beide meinen, die anderen Mitarbeiter hätten sich sehr schwer damit getan, dass die alte Chefin sie zum Teil von oben herab behandelte. Sie sei noch aus einer anderen Zeit gewesen.

„Die kommt noch aus der Zeit vor 14/18, hätt' ich bald gesagt", meint Fritz. Aus der Zeit vor dem ersten Weltkrieg. „Mensch, stimmt ja auch. Da war das alles noch anders. Da gab's ja noch Hausgehilfen und alles sowas. Das ist ja heute Gott sei Dank nicht mehr so der Fall."

„Da war viel Arbeit für mich", erklärt Fritz. „Das musste ich ausgleichen."

Er packte selbst mit an und machte den Leuten klar, dass es nichts nützt, wenn sie ihre Arbeit nicht erledigen. Für Mitarbeiter, die sich aus Protest krankmeldeten, hatte er nie viel Verständnis. Ich habe den Eindruck, dass es Fritz und Dela H. auch in Bezug auf die Inhaberin gelang, ihr Verhalten nicht so nahe an sich heranzulassen. Sie interpretierten deren Verhalten als Eigenheit, konnten sich dem anpassen und fühlten sich nicht dadurch herabgesetzt. Ihr größter Ärger bestand in der Unzuverlässigkeit einiger Kollegen. Trotzdem war Fritz sehr lange in dem Unternehmen tätig. Ich möchte wissen, was ihm an der Arbeit Freude gemacht hat.

„Pflichtgefühl hab' ich nur gehabt", antwortet er. „Freude war das nicht."

Dela bestätigt, dass sie viel auf sich genommen hätten und es durch die Rufbereitschaft auch viele nächtliche Anrufe gab. Aber ihr fällt dabei auch ein, worüber ihr Enkel noch heute lachen kann. Es riefen auch Leute an, die „dösig" waren. Da war zum Beispiel eine ältere Dame. „Die fragte ein paarmal in der Nacht, wie viel eine Beerdigung kostet. Und dann war ja unser Enkel da und da hat mein Mann gesagt: ‚25.000 Mark.' ‚Ach, das geht ja', hat die dann gesagt. Dann hat sie aufgelegt."

Fritz bleibt dabei, dass das Berufsleben zum Schluss vor allem anstrengend war und er, abgesehen von den unvermeidlichen Anrufen, davon zu Hause nichts mehr hören wollte. Er stürzte sich in die Gartenarbeit, erledigte Arbeiten im Haus, hatte immer etwas um die Ohren.

„Aber mein Mann hatte sich verändert in der Zeit, als er da war", sagt Dela. Zu größeren Festlichkeiten wollte er nicht mehr mitkommen.

„Größere Menschenansammlungen konnte ich nicht ab", sagt Fritz. „Kann ich auch heute noch nicht ab."

„Nee", sagt Dela. „Aber du gehst mit."

„Ja, ich geh mit ..."

„Mir zuliebe ..."

„Ja", sagt Fritz und lacht herzlich. „Reines Pflichtgefühl."

„Weil ich da ja Lust zu habe", sagt Dela lachend. „Also, das ist mein geflügeltes Wort: ‚Da hab' ich Lust zu – und da hab ich keine Lust zu.'"

Im Nachhinein denke ich, dass die beiden sich in dieser Hinsicht gut ergänzen: Dela H. sorgt mit ihrer Einstellung dafür, dass sich ihr Mann nicht nur von seinem Pflichtgefühl leiten lässt. Im Gegenzug hilft er ihr dabei, sich zu etwas anstrengenden Besuchen bei kranken Freunden oder auf dem Friedhof aufzuraffen, die ihr dann auch wieder gut tun.

Fritz H. hat fünfzehnmal das Sportabzeichen abgelegt. Ab 2011 ging es leider mit dem Schwimmen nicht mehr. Seine Frau begleitete ihn oft zum Training. Eines Tages meinte er, die 100

Meter fielen ihm schwer, er wolle es einmal mit 400 Metern versuchen. Er gab seiner Frau die Stoppuhr und rannte los. Als er wieder bei ihr ankam, teilte Dela ihm mit, er hätte sich nicht so zu beeilen brauchen. Sie hatte vergessen, die Stoppuhr zu starten.

„Ich hätte sie erwürgen können", sagt Fritz mit sehr ernster Stimme und seine Frau lacht laut. Sie erinnern sich auch amüsiert daran, wie er als relativ kleiner Mann mit der Kugel beim Kugelstoßen zu kämpfen hatte. Acht Meter musste er schaffen. Ein paar Arbeiter, die einen Unterstand bauten, wollten es auch einmal probieren.

„Die nehmen das Ding – 12 Meter", sagt Dela und beide lachen wieder herzlich.

„Ich sag: ,Gib die Kugel wieder her. Das ist meine'", erzählt Fritz.

So können sie auch lachen, wenn sie im Bett lustige Geschichten lesen. Ohne Zögern gibt Fritz mir ein Buch mit Bremer Geschichten mit, das er doppelt hat. Es ist für meine Mutter, weil ich erzählt habe, dass sie ebenfalls aus Bremen stammt.

„Wir können im Bett nicht mehr so schwere Bücher lesen", sagt Fritz. „Das sind kleine Anekdoten." Gar nichts zu lesen, scheint ihm nicht als Alternative in den Sinn zu kommen. Er selbst lese gerade die Geschichten eines Berliner Autoren und Kabarettisten und Dela erzählt, er müsse dann manchmal so lachen, dass die Tränen fließen. Die lustigsten Stellen lesen sie sich gegenseitig vor und lachen gemeinsam darüber.

„Manche Leute können ja so wunderbar schreiben", sagt Fritz, „da ist man wirklich von der Rolle."

Fritz erzählt jetzt, dass er im Ruhestand noch einige Jahre Kassenwart im Turnverein war. „Und das hat mir wieder Spaß gemacht", sagt er. Das sei einfach eine Arbeit gewesen, die ihm lag: die Buchhaltung erledigen, einen Jahresbericht verfassen und ihn dem Vorstand in schöner Form „kredenzen". Was hat ihn so lange im Beerdigungsinstitut gehalten, während er im Jugendherbergswerk schnell die Konsequenzen gezogen hatte? Ich frage, ob er es heute wieder genauso machen würde, ob er wieder so lange dort bleiben würde.

Im ersten Moment weiß Fritz die Antwort selber nicht. Doch dann fällt ihm ein, was ihm gefallen hat. Er konnte frei arbeiten, konnte eigenständig entscheiden und bekam keinen Druck.

„Das ist der Unterschied zum Jugendherbergswerk?", frage ich.

„Das war der Unterschied zum Jugendherbergswerk", bestätigt Fritz. „Ich hab' frei arbeiten können, eigene Entscheidungen treffen, die wurden nicht angefochten. Also, das war wichtig, war sehr wichtig für mich. So eine Position würde ich heute wieder machen."

Nur im Beerdigungsinstitut müsste diese Position nicht gerade sein, meint er. Auch die Rufbereitschaft und den Schichtdienst könnte er heute nicht mehr gebrauchen. Vor allem müsse er sich auf die Leute verlassen können. Da hätten ihn die Erfahrungen mit den Kollegen sehr vorsichtig gemacht. Wenn jemand eine Zusage mache, wann er käme, dann würde er das auch so erwarten.

„Wir sind immer pünktlich", sagt Dela und ich freue mich still, dass ich nach zweimaligem Klingeln gleich angerufen hatte, bevor Enttäuschung aufkommen konnte.

Fritz schildert, wie eng der Zeitplan an manchen Tagen im Beerdigungsinstitut war, wenn es nur eine Stunde gab, um die erste Trauerfeier abzuwickeln und die zweite auf einem anderen Friedhof vorzubereiten. Er musste die erste Kapelle schnell für den nächsten Bestatter freibekommen und dann zur nächsten Beerdigung „fegen". Bei dem heutigen Stadtverkehr sei das gar nicht mehr möglich. Inzwischen gibt es 15 Minuten mehr zwischen den Terminen. Nach einem Tag mit fünf oder sechs Trauerfeiern war einer mit nur zwei Trauerfeiern ein Erholungstag.

Ich denke an die Trauerfeiern, die ich miterlebt habe, und überlege, wie pietätlos ich es gefunden hätte, wenn ein Bestatter uns Trauergäste gehetzt hätte. Was für ein Spannungsfeld!

„Ja, das ist alles, wenn man das Leben so betrachtet ... An sich, ich bin zufrieden", sagt Dela. „Und es war eine schöne Zeit, muss ich sagen." Offenbar haben wir uns aus ihrer Sicht nun lange genug bei den schwierigen Geschichten aufgehalten.

Gute Erinnerungen, wohlsortiert

„Was war so schön?", frage ich.

„Eben alles", sagt Dela. „Dies Zusammenleben und – sicher, wir haben auch Ärger gehabt, aber das vergesse ich schnell. Da kann ich nicht drauf herumreiten, wenn ich mich irgendwo geärgert habe. Das ist abgehakt. Und darum: Alles, was wir so gemacht haben. Wie wir unser Haus bekommen haben und den Umzug gemacht und mit der Schwiegermutter das Schrankbett in den zweiten Stock geschleppt haben. Und ich hab' nur immer ‚links, rechts' und so gesagt und mein Mann und sie haben das hochgeschleppt." Sie lacht.

„Wir haben uns gequält, ja", sagt Fritz schmunzelnd.

Dela fährt fort: „Wir waren oben und ich sag: ‚Ach Gott, so schlimm war das eigentlich gar nicht.' Sie hätte mir am liebsten eine geknallt."

Fritz lacht bei der Erinnerung. Er erzählt daraufhin, wie froh sie über die Entwicklung ihrer beiden Enkel sind. Sie unterstützen sie, so gut es geht, diskutieren mögliche berufliche Entwicklungen mit ihnen und sehen Bewerbungen mit an. Fritz klingt für mich wie ein wohlmeinender Mentor, der klar sagt, was er denkt und tun würde, aber die Entscheidungen den Enkeln überlassen kann.

Während er die Fotobücher holt, die sie für ihre Kinder und Enkel erstellt haben, erzählt mir seine Frau, wie aufwändig das gewesen sei. Sie hätte alleine nicht die Geduld für das ganze Hin- und Herschieben der Bilder aufgebracht. Aber er sei da wie ein Teckel. Wenn er sich etwas vorgenommen habe, dann beiße er sich auch durch.

In den Fotobüchern sehe ich die wesentlichen Stationen der Familie noch einmal im Bild. Die Urlaubsfotos erinnern an zahlreiche Ziele, Aktivitäten und Freundschaften. Sie waren mit der Familie am Timmendorfer Strand, haben die Freundin in Los Angeles besucht und in Passau ein Bonner Ehepaar kennengelernt, mit dem sie seitdem jeden Sonntag um 10 Uhr telefonieren. Heute nur noch mit dem Mann, denn seine Frau ist inzwischen verstorben. Am Ende des Buches finde ich eine fein säuberlich getippte Tabelle.

„Das haben wir alles sortiert, wo wir waren", sagt Dela. „Wir sind Buchhalter."

Das ist nicht zu übersehen. Die wichtigen Daten und Urlaube ab der Hochzeit im Jahr 1960 umfassen, eng gedruckt, etwas mehr als zwei Seiten. Ganz links steht die Jahreszahl, daneben der Zeitraum oder das Datum, dann folgt das Ereignis und neben den Urlauben stehen rechts noch die Mitreisenden. Hochzeit, Hochzeitsjubiläen und die Geburten der Kinder, der Enkel und der ersten Urenkelin sind rot und in Großbuchstaben gedruckt. Auch die jeweiligen Umzüge sind als wichtige Meilensteine in Rot gehalten, während Todestage in schwarzem Fettdruck markiert sind. Immer wieder taucht bei den Reisen die Ostsee auf, aber auch Bayern, Österreich, Holland und Norwegen waren Ziele. Bei den Erinnerungen an die Hurtigruten geraten die beiden noch einmal ins Schwärmen.

„Das war wunderschön", sagt Fritz. „So eine Reise ist was wert." Ich bin dankbar, dass ich die Tabelle als Sortierungshilfe für unser Gespräch abfotografieren darf.

In den Fotobüchern für die Enkel wollen mir Fritz und Dela H. noch zeigen, was die beiden als Kinder an Oma und Opa geschrieben haben. Vom Enkel sehe ich einen Wunschzettel: „Frieden, ein ferngesteuertes Auto, mehr auch nicht. Aber ein Vernünftiges, bitte." Wir lachen. Auch als sie den Brief der Enkelin gefunden hat, lacht Dela laut los. Er enthält nur eine wesentliche Botschaft an die Großeltern. Mit farbenfrohem Buntstift hat sie sie informiert, dass ihr Bruder „ein altes Arschloch" sei.

Worauf es ankommt

Das gemeinsame Eheleben war und ist ein wesentlicher Glücksfaktor für Dela und Fritz H. Das haben sie mir im Gespräch immer wieder klargemacht. Doch schließlich frage ich noch, was Fritz an seiner Frau so sehr begeistert, dass er sie immer wieder heiraten würde, wie er es am Anfang gesagt hat.

„Weiß ich gar nicht ...", sagt Fritz nachdenklich.

„Er sagt immer, ich wäre seine große Liebe gewesen", erinnert Dela mich.

Fritz weiß, dass weder die Sexualität noch irgendeine Form von ‚versorgt sein' im Vordergrund stand. Über diese Vorstellung müssen beide wieder lachen.

„Die Art und Weise", sagt Fritz schließlich zu seiner Frau. „Du bist nie so verkrampft gewesen. Das hat mich beeindruckt. Immer einen lockeren Spruch drauf. ‚Meine Güte, ja, da kannst du dein Leben mit verbringen.'"

Dela erklärt, das habe sie von ihrem Vater, der Meyer hieß und immer ‚Flachs-Meyer' genannt wurde.

Und was begeistert Dela an ihrem Mann?

„Eben seine ganze Art", sagt Dela. Auch bei ihr ist es das ‚Gesamtpaket', das sie überzeugt hat. „Wie er mit den Menschen und mit mir umgeht. Das kannte ich früher nicht bei meinem ersten Mann." Der habe ihr nach gemeinsamen Besuchen entweder mit abfälligem Tonfall mitgeteilt, sie habe nur ‚Blech erzählt', oder, wenn sie still war, ihr seien die Themen wohl zu hoch gewesen.

„Verachtung", kommentiert Fritz. „Runtergemacht."

„Ja", bestätigt Dela. „Ja, und so war es in allem. Er war überheblich." Dabei sei er in der Jugend von den Mädchen angehimmelt worden und auch sie hätte sich ja erst in diese Art verliebt.

Fritz meint, es sei eben jeder Mensch anders. Da ist einem nicht jeder sympathisch, aber man müsse trotzdem versuchen, miteinander auszukommen. Er kann es absolut nicht ausstehen, wenn es an Achtung fehlt, wenn Menschen persönlich werden, sich zu persönlichen Frechheiten hinreißen lassen.

Ich möchte wissen, was er dann tut.

„Dann hau' ich ab", sagt er und meint es ganz ernst, dass er sich mit solchen Menschen nach Möglichkeit nicht mehr abgibt. Dela stimmt zu. Tatsächlich gab es in ihrem Umfeld jemanden, mit dem sie eine lange Zeit nicht gesprochen haben. Inzwischen ist die Sache bereinigt, aber es gab eine lange Funkstille.

Jetzt komme ich zu meiner Lieblingsfrage: Was würden die beiden nach diesem Rückblick jungen Leuten empfehlen? Worauf kommt es im Leben an?

„Vertrauen", sagt Dela sofort. „Dass man sich gegenseitig vertraut."

„Ehrlichkeit, Liebe", ergänzt Fritz.

„Liebe, ja", stimmt Dela zu. „Und vor allen Dingen , wenn man sich streitet, dass man sagt, warum. Ich sehe manchmal gar keinen Grund, um sich zu streiten. Das ist so unwichtig. Finde ich."

Die Achtung voreinander sei besonders wichtig, sind Dela und Fritz sich einig. Während der Pubertät der Kinder sei das Dreiergespann Glaube, Liebe und Hoffnung nicht ganz ausreichend, sagt Fritz. Da müssten auch Gnade und Erbarmen dazu kommen, in beide Richtungen.

In ihrer Ehe spiele keiner den Überlegenen, meint Fritz. Da hätte auch keiner einen Grund zu. Ehe müsste jeden Tag aktiv gestaltet werden.

Wie machen sie das?

Sie machen fast alles gemeinsam und haben keine festen Rolleneinteilungen. Nur die Wäsche erledigt inzwischen meist Fritz, weil Dela nicht mehr so viele Treppen steigen soll und die Waschmaschine im Keller steht. Sie teilen sich die Hausarbeit und genießen gemeinsam die Freizeit.

Sich nicht unnötig zu ärgern und nicht alles auszudiskutieren, seien noch wichtige Lerneffekte einer langen Ehe.

„Da hätte ich auch keine Lust zu", sagt Dela und lacht, als sie sich bei ihrem Lieblingsspruch ertappt.

„Na siehst du ...", sagt Fritz.

„Wir sagen uns: Uns geht's doch gut", sagt Dela. „Was haben wir das gut! Eine schöne Wohnung, unser Auskommen, unsere Kinder sind gesund. Ja, dann stehen wir da, dann nehmen wir uns in den Arm und freuen uns, dass es uns so gut geht."

„Ja, das machen wir ein paarmal am Tag", sagt Fritz. „Wir beide sind füreinander geschaffen. Ich finde das so wunderbar. Das Leben war so hervorragend."

Erst jetzt wird mir klar, wie konkret sie sich das Gute in ihrem Leben täglich bewusst machen. Ich habe den Eindruck, das ist fast eine Art Zaubermittel für ihre Zufriedenheit. Für mich steckten aber auch in diesem Gespräch wieder mehrere wichtige Botschaften, die ich mir merken möchte:

- Sich täglich das Gute im Leben bewusst machen.
- Achtung voreinander haben und auch zum Ausdruck bringen.
- Grenzen ziehen, wenn andere einen herabsetzen.
- Viel lachen, Lustiges entdecken und selber Blödsinn machen.
- Beziehungen pflegen.
- Aber Finger weg von drolligen Männern mit großem Ego.
- Nicht über Nichtigkeiten streiten und Streitigkeiten am selben Tag klären.
- Sich um andere kümmern, ohne sich ihr Leid zu eigen zu machen.
- Auch Menschen helfen, deren Not ich nicht verstehe.

HANNE R.: GLÜCK GEHABT

„Wer sich übt im Staunen-Können, im Sich-freuen-Können, wird im hohen Alter noch frisch sein." (Platon)

Hanne R. lebt mit ihrem Mann in Seevetal, südlich von Hamburg. Wir sind an einem Montag im Februar 2016 um 17 Uhr verabredet. Zwar habe ich sie schon einmal bei der Hochzeit ihrer Tochter gesehen, aber das ist einige Jahre her. Mir öffnet eine Frau mit einem grauen Kurzhaarschnitt, die natürlich, bodenständig und unkompliziert wirkt. Ich weiß, dass Hanne R. vor Kurzem eine Operation am Knie hatte, sehe ihr das jedoch kaum an, als sie vom Wohnzimmer in die Küche geht, um Tee aufzugießen.

Nachdem sie mit einem riesigen Pott Kräutertee gegen meine Erkältung zurückgekehrt ist, steigt Hanne ohne Umschweife in ihre Familiengeschichte ein und gibt mir einen knappen Überblick. Sie ist 1935 geboren, eine „echte Hamburgerin". Schon die Familie ihres Vaters lebte in Hamburg.

„Und die Familie meiner Mutter, die kommt aus Meck Pomm", sagt Hanne. „Der Krieg hat das dann alles zusammengewürfelt."

An ihren Vater erinnert sich Hanne nur noch vage. Er habe sich 1939 sofort zum Kriegseinsatz gemeldet, wurde 1944 als vermisst gemeldet und tauchte nie wieder auf. Hannes Mutter musste die Kinder ohne ihn durchbringen. Sie wollte nicht wieder heiraten und blieb alleine, bis sie mit 99 Jahren starb. Hannes jüngerer Bruder lebt schon lange nicht mehr. Er starb bereits 1965.

„Da hatte er schon eine Familie", sagt sie, „hatte schon drei Kinder, aber leider ist er verunglückt."

Ihre Großmutter sei fast so alt geworden wie ihre Mutter, 96 Jahre, erzählt Hanne, und bei den Eltern ihres Mannes sei es ähnlich gewesen. Hanne und ihr Mann stammen beide aus Familien, in denen die Leute eher alt werden.

„Wir hoffen immer, dass wir doch noch ein Weilchen dableiben können", sagt sie. Ich habe lebensbejahende Menschen gesucht und bin hier offenbar wieder einmal richtig. Hanne reichen

Stichworte, damit ihr Geschichten einfallen, die sie gerne mit mir teilt.

Krieg in Hamburg und Bayern

Hanne R. kommt schnell auf die Kriegszeit zu sprechen. Durch die anderen Gespräche, meint sie, hätte ich davon ja schon viel gehört. Das stimmt. Trotzdem ist jede einzelne Geschichte für mich eine ganz besondere, weil sich die Situationen und Perspektiven unterscheiden. Hanne berichtet, wie sie beim Bombenalarm immer mit ihrer Mutter in den Keller der Schule laufen mussten, die in der gleichen Straße lag, und ich frage nach, ob die Schule während der Zeit ansonsten ‚normal' weiter lief.

„Ja, solange sie stehen geblieben ist, ja", sagt Hanne. Sie wohnten in der Nähe des Berliner Tors, in einer Gegend, die später stark bombardiert wurde. Weder die Schule noch die Wohnung der Eltern haben das überstanden. Hanne selbst war nach Niederbayern verschickt, als sie 1943 ausgebombt wurden. Ihre Mutter und ihr zwei Jahre jüngerer Bruder konnten sich zu Fuß aus dem zerstörten Haus retten und sind immer an der Bille entlang bis zu den Großeltern in Bergedorf gelaufen. Ob sie es mit beiden Kindern geschafft hätte? Hannes Mutter bezweifelte das.

Hanne R. hütete zu der Zeit mit drei anderen Kindern in Niederbayern Kühe.

„Die Kühe mussten wir aus dem Stall holen und dann durchs Dorf auf ein Feld treiben, auf dem sie grasen konnten. Das haben wir alles als Kinder gemacht", erinnert sie sich. „Das fand ich gar nicht so schlecht."

„Und dann hat meine Mutter mich da herausgeholt, nachdem wir ausgebombt waren. Die Rückreise war ganz entsetzlich", sagt sie. Der Zug von Passau nach Hamburg war völlig überfüllt. Die Menschen standen zum Teil draußen auf den Trittbrettern und auf den Verbindungen zwischen den Waggons. Doch ihre Mutter wollte mit Gepäck und Tochter unbedingt diesen Zug bekommen.

„Und da haben Leute, die schon drin waren, mich genommen und haben mich im Zug weitergereicht, bis ich auf dem Klodeckel zum Stehen kam", erzählt Hanne.

Währenddessen quetschte sich ihre Mutter mit dem übrigen Gepäck hinein. Wo ihre Tochter war, konnte sie an deren lautem Geschrei deutlich hören, erzählte sie Hanne später. Irgendwie kamen sie durch, aber das Gepäck war in Hamburg verschwunden.

„Sie hatte gerade noch ihre Handtasche und was ich hatte", sagt Hanne. „Und dann hat sie mich unterm Arm genommen und wir sind in Bergedorf gelandet." Die Trennung auf der Rückfahrt gehört zu den Ereignissen, die Hanne bis heute manchmal verfolgen.

„So etwas erleben die Menschen ja heute auch", sagt Hanne. „Wenn ich das dann im Einzelnen lese, denke ich: ‚Das ist ja wie bei uns.'" Sie habe das alles noch gut vor Augen, wie sie angezogen in den Betten lagen, um bei Alarm immer sofort parat zu sein und in den Schulkeller zu flüchten.

Was hat ihr geholfen, das zu überstehen?

„Das weiß ich nicht", antwortet Hanne. „Wir hatten Angst, das war klar. Aber dass wir zusammen waren, meine Mutter mit uns beiden Kindern, das hat geholfen. Dass sie es verstanden hat, uns zusammenzuhalten."

Trotz allem ergänzt sie: „So schlimm das alles war, sage ich bis heute immer noch: ‚Wir haben eine tolle Kindheit gehabt.'"

„Was war toll daran?", frage ich.

„Dieses Leben in Bayern, das war so ganz anders als wir das hier als Stadtmenschen kannten", sagt Hanne. Bis Kriegsende kam sie mit der Familie wieder in Bayern unter. Statt in die Schule zu gehen, mussten sie meist auf dem Feld helfen. Dort sammelten sie die Ähren und Kartoffeln ein, die die Erntemaschinen nicht erwischt hatten.

„Und wir haben das als gut empfunden", sagt Hanne.

Sie übernachteten in einem Gasthaus, in dem die Mutter mit bediente und sauber machte. Die Kinder spürten, dass sie wegen ihrer evangelischen Konfession nicht als gute Christen angesehen waren und umgekehrt war es ihnen suspekt, wie die Katholiken mit dem Thema Kirche umgingen. Vor allem erinnert sich Hanne aber an das Gefühl von Freiheit.

„Die Gegend war so wunderschön", erzählt sie, „dass mein Mann und ich nachher im Laufe der Jahre noch dreimal dort gewesen sind, weil ich da irgendwie eine Sehnsucht hatte."

Nach dem Krieg fuhren sie direkt zu den Großeltern nach Bergedorf, denn ihr früheres Wohnhaus gab es nicht mehr. In den zwei Zimmern der Großeltern war es zu beengt, und sie bekamen in der Nähe ein kleines Zimmer in einer Wohnung, in der eine Frau mit ihrer Tochter lebte. Deren Mann war noch nicht aus dem Krieg zurückgekehrt, sodass sie ein Zimmer abgeben musste. Auch dort war wenig Platz. Hanne und ihr Bruder schliefen abwechselnd auf der Matratze und dem Fußboden. Die Frauen mussten sich die Küche teilen, kochten jedoch getrennt und mit sehr unterschiedlichen Zutaten. Die Wohnungsbesitzerin kam aus ‚Vierlanden', einem Gebiet an der Süderelbe, in dem reiche Bauern lebten, die überwiegend Blumen und Gemüse anbauten.

„Die Frau mit der Tochter, die hatten die dollsten Gerichte auf dem Herd und wir hatten so gut wie gar nichts", sagt Hanne, doch es klingt kein Groll hindurch. Sie erzählt, es habe sie unbeliebt gemacht, dass sie einfach mit in die Wohnung kamen. Andererseits konnte sie mit der Tochter gemeinsam zur Schule gehen und kam gut mit ihr aus.

„Aber für meine Mutter war das außerordentlich schwer, weil ihr bewusst war, wie wir diese Unterschiede bemerkt haben", sagt Hanne. „Und das hat ihr so wahnsinnig leidgetan."

Während dieser Zeit putzte und half Hannes Mutter bei einem alten Ehepaar. Als der alte Herr starb, konnten sie dort mit einziehen und später hatten sie die Vier-Zimmer-Wohnung ganz für sich.

„Das war eine gute Entwicklung", sagt Hanne. In dieser Wohnung lebten sie noch 1955 gemeinsam, als Hanne ihren Mann kennenlernte.

Fuß fassen im Berufs- und Familienleben

Nach dem Krieg war es schwer, Fuß zu fassen. Hanne R. machte den normalen Volksschulabschluss, doch heute ist ihr klar, wie viel sie durch den Krieg verpasst hat. Selbst wenn sie in der Schule war, wurde der Unterricht dauernd durch Fliegeralarm unterbrochen. Immer wieder mussten sie Schutz suchen. Hanne besuchte nach der Volksschule die Handelsschule, bevor sie eine Lehrstelle suchte. 1953 war das nicht einfach. Sie arbeitete unter anderem einige Monate als Verkäuferin in einem Bergedorfer

Laden und bei einer Familie mit Geflügelzucht, während sie sich um eine Lehrstelle bewarb. Bei einer Spedition hatte sie schließlich Erfolg.

Hannes Mutter hatte bis 1951 hartnäckig auf die Rückkehr ihres Mannes gehofft und keine Witwenrente bekommen. Seit der Vermisstenmeldung von 1944 hatte sie daran geglaubt, dass er sich irgendwie durchschlagen werde.

„Sie hat zwar Kindergeld bekommen, aber das war ja minimal. Deswegen ist sie immer putzen gegangen, und so hat sie uns über die Runden gebracht", erklärt Hanne.

1951 konnten Hanne und ihr Bruder die Mutter überzeugen, ihren Mann für tot erklären zu lassen. Über das Rote Kreuz hatten sie herausbekommen, dass er zuletzt auf der Krim gewesen war. Von dort sollten alle deutschen Soldaten per Schiff zurückgeholt werden, doch die gesamte Hafengegend wurde bei einem russischen Angriff völlig zerstört.

„Er konnte gar nicht zurückkommen", sagt Hanne. „Er ist da irgendwo hängengeblieben wie all die anderen Soldaten, die zu dem Zeitpunkt dort waren und auf die Heimreise gewartet haben." An anderen Orten gab es Massengräber, in denen die Nummern der Soldaten eine Identifikation erlaubten. Das war hier nicht möglich. „Man hat von ihm nichts gefunden", erzählt Hanne weiter. „Die müssen da so kaputtgegangen sein, wie man das manchmal im Fernsehen gesehen hat. Wie die Soldaten da bombardiert wurden, da flogen ja nur noch die Fetzen."

Wieder sitze ich einer Frau gegenüber, die das Grauen beim Namen nennt und zugleich eine positive Grundeinstellung ausstrahlt.

„Und trotzdem, wenn ich zurückblicke, ist es uns gut gegangen", sagt Hanne. „Ich habe meinen Mann kennengelernt und wir haben tolle Kinder bekommen. Das war alles gut!"

Wie hat sie ihren Mann Siegfried kennengelernt? Hannes ehemalige Schule in Nettelnburg veranstaltete regelmäßig Schulfeste. Siegfried hatte zwar eine reine Jungenschule besucht, hatte aber Freunde in ihrer Klasse gehabt. So kam es, dass sie ihm 1955 auf einem dieser Feste begegnete.

„Er war total mein Typ", schwärmt Hanne. „Groß, schwarze Haare, braune Augen." Sie habe sich „sofort verknallt". Vorher habe es auch Freundschaften gegeben, aber das seien keine richtigen Freundschaften gewesen. Trotz der schnellen Begeisterung wollte Hanne es nicht übertreiben.

„Wer hat wen angesprochen?", frage ich.

„Er mich", sagt Hanne. „Ich wollte erst nicht, er war mir zu draufgängerisch in dem Moment, so schnell, das wollte ich nicht. Aber dann hat sich das im Laufe der Zeit entwickelt."

Besonders beeindruckt war sie davon, dass er sie immer nach Hause brachte, obwohl er in einer ganz anderen Ecke von Bergedorf wohnte. Beide hatten keine Fahrräder und mussten zu Fuß gehen.

„Er brauchte immer eine Dreiviertelstunde von sich zu uns oder von mir wieder zurück", sagt sie. „Wie verrückt das war!"

1957 verlobten sich die beiden und 1958 heirateten sie. Siegfrieds Vater war aus dem Krieg zurückgekommen und arbeitete als Maschinenbauingenieur in der Zigarettenindustrie. Er musste viel reisen und verdiente gut genug, um sich ein Grundstück in Wentorf bei Reinbek leisten zu können.

„Mein Schwiegervater hatte von vornherein gesagt: ‚Wir bauen ein Zweifamilienhaus.'", erzählt Hanne. „Insofern hatten wir, nachdem wir '58 geheiratet hatten, ein Wahnsinns-Glück, dass wir sofort eine Wohnung hatten."

Freunde und Bekannte um sie herum mussten sich einen Anrecht-Schein für eine Wohnung besorgen. „Die konnten zwar irgendwann heiraten, aber konnten nicht gleich eine Wohnung bekommen", erklärt Hanne.

Ich erinnere mich an das Gespräch mit Ilse, die nach ihrer Heirat 1958 mit ihrem Mann zunächst in der elterlichen Wohnung bleiben musste. Es gibt eine weitere Parallele zu Ilses Geschichte: Hanne und Siegfried waren sich einig, nicht sofort Kinder zu bekommen. Erst einmal wollten sie etwas Geld verdienen.

„Wir waren ja beide gerade am Anfang unserer Ausbildung und im Berufsleben", sagt Hanne. Wie Ilse und Herbert warteten sie fünf Jahre. Die erste Tochter wurde 1963 geboren, die zweite 1966. Mich überrascht es, das noch einmal so zu hören. Ich hatte das Bild in meinem Kopf, dass die Frauen zu der Zeit nach der Hochzeit zu Hause blieben und möglichst schnell Kinder bekamen. Neu ist das Thema Vereinbarkeit von Beruf und Familie also nicht.

Hanne und ihr Mann mussten beide zunächst mit dem Zug und später mit der S-Bahn zu ihrer Arbeit fahren. Nur an manchen Wochenenden genossen sie einen besonderen Luxus. Dann durfte Siegfried den Firmen-Käfer mit nach Hause nehmen und sie hatten ein Auto fürs Wochenende.

„Das war toll. Das war etwas ganz Besonderes", sagt Hanne.

Beide Kinder wurden im Haus der Schwiegereltern geboren. Das Leben unter einem Dach war jedoch nicht einfach. Die Schwiegermutter wollte die Kinder zu sehr miterziehen und Hanne hatte andere Vorstellungen als sie. Wenn sie ihren Kindern etwas verweigerte, mussten die nur zur Großmutter gehen, um ihren Willen zu bekommen. Sie war die ‚Süßigkeiten-Oma', während Hannes Mutter die Oma für Gespräche war. Insbesondere Hannes jüngere Tochter konnte sich stundenlang mit ihr unterhalten. Die Unstimmigkeiten mit der Schwiegermutter wogen bald schwerer als die Vorteile der Wohnsituation.

„Obwohl das eine schöne Zeit war", sagt Hanne. „Es war eine tolle Gegend." Sie wohnten immer etwas ländlich und die Kinder konnten viel draußen spielen. Hanne überlegt, ob die Kinder bei einem ähnlichen Medienangebot wie heute auch so viel draußen gewesen wären. „Wobei ich natürlich versucht hätte, da mitzumischen", sagt sie. „ Die hätte ich immer rausgejagt."

1973 zog die Familie in ihr heutiges Haus. Dort ist die jüngere Tochter als Erste ausgezogen. Die ältere Tochter lernte Krankenschwester und wohnte während ihrer Dienstzeiten beim Krankenhaus. So war auch sie früh aus dem Haus, aber doch bei den Eltern, wenn sie frei hatte.

„Und wenn mit den Männern was schiefgegangen ist, dann wussten sie: Hier konnten sie wieder einziehen", sagt Hanne. Es ist ihr sehr wichtig, dass sie als Eltern für die Kinder zuverlässig bleiben. Beide Töchter haben Beziehungsbrüche erlebt, bevor sie den passenden Partner fanden.

Hanne pausiert in ihrer Erzählung, bevor sie sagt: „Ja. Wenn ich so zurückdenke, habe ich das eigentlich immer sehr gut gehabt – bis eben auf kleine Einschnitte, die doch prägend waren." Der tödliche Unfall ihres Bruders gehörte ebenso dazu wie die Traurigkeit ihrer Mutter, die bis 1951 vergeblich auf ihren Mann wartete. Trotzdem sei es ihnen insgesamt gut gegangen.

Glück gehabt in allen Schwierigkeiten

Hanne scheint selbst über ihr wiederholt positives Fazit überrascht zu sein. Sobald ihr Einschnitte und Schwierigkeiten einfallen, kann sie sofort erklären, wie viel Glück sie trotzdem hatten. Hannes Mann hatte Drüsenkrebs und musste fünfmal operiert werden. Im selben Jahr wurde bei Hanne Dünndarmkrebs diagnostiziert. Der Tumor war groß, aber abgekapselt, hatte nicht gestreut.

„Der Krebs konnte herausoperiert werden und damit hatte sich das", sagt Hanne. „Ich brauchte nicht mal eine Chemotherapie und mein Mann auch nicht. Auch Glück gehabt!"

Das ist über zehn Jahre her. Fünf Jahre später fiel Hanne von der Fensterbank auf die Fliesen. Zuerst glaubte sie, es sei nichts weiter passiert, doch die Rückenschmerzen wurden immer stärker. Zwei Brustwirbel waren gebrochen.

„Da durfte ich mich nicht mehr bewegen und bin operiert worden und habe jetzt Ersatzteile hinten im Rücken", erzählt Hanne. „Aber auch das ist gut gegangen. Ich bin ja lebendig. Ich kann mich auch bewegen." Ihr Schwager sei seit einem Unfall auf den Rollstuhl angewiesen. „Das hätte mir auch blühen können. Und wieder habe ich Glück gehabt. Ich sage sehr oft: ‚Der liebe Gott hat es mit uns gut gemeint. Ja, wirklich, das muss ich so sagen."

Hanne und Siegfried sind nicht mehr weit von der diamantenen Hochzeit entfernt. Was hat ihre Ehe so haltbar gemacht? Das war nicht einfach, erfahre ich.

„Natürlich haben wir uns gekracht", sagt Hanne. „Natürlich sind die Fetzen geflogen. Aber man lernt ja auch mit der Zeit. Das kann ich nur so sagen." Sie wundert sich darüber, wie schnell heute viele Paare aufgeben und alles hinschmeißen. Manchmal war auch sie nahe daran, ihre Koffer zu packen.

„Aber nachher halten ja auch die Kinder das alles zusammen", sagt Hanne. „Das wollen Sie Ihren Kindern nicht antun, dass die Eltern sich trennen. Das hab' ich immer so gedacht: Das geht nicht."

Wenn Trennung keine Option ist, muss man das Zusammenleben lernen? Ich frage, wie die beiden immer wieder die Kurve bekommen haben.

„Ja, irgendwie haben wir es immer wieder geschafft", sagt Hanne. Das Heilmittel war in ihrem Fall nicht das Gespräch. Sie hätten nicht viel darüber geredet. „Irgendwie haben wir dann doch gedacht: ‚Das können wir nicht so laufenlassen. Das muss wieder zusammengeflickt werden.' Und das haben wir geflickt und dann ging es wieder."

Mit dem Alter ist es einfacher geworden. Solange sie beruflich sehr eingespannt waren, waren zusätzliche Forderungen vom Partner häufig zu viel. Ich vermute, dass das vor allem dem ruhigeren Ehemann so ging. Da half es nur, sich gegenseitig in Ruhe zu lassen.

„Und dann ist es eben in die gute Zeit wieder hineingeschlittert", sagt Hanne.

Sicher ist eine Ehe zwischen Partnern mit unterschiedlichen Bedürfnissen anstrengender als zwischen Menschen, die sich darin ähnlich sind. Mich überrascht nur, dass sie weder ausführlich über ihre Differenzen gesprochen haben noch verbittert darüber wurden.

„Natürlich hätten wir uns trennen können", sagt Hanne, „aber irgendwie – ging es nicht oder wir wollten es nicht. Ja, wir wollten es einfach nicht." Sie haben diese Entscheidung getroffen, sich eine Weile in Ruhe gelassen und sind dann wieder neu aufeinander zugegangen.

Heute sind sie viel zusammen unterwegs. Hanne hat Freundinnen, mit denen sie auch alleine etwas unternimmt, aber Siegfried und sie finden auch immer wieder Konzerte und Ausflugsziele, die sie gerne gemeinsam ansteuern. Manchmal sind sie zu zweit unterwegs, oft auch mit dem Freundeskreis.

Hanne war schon immer gerne aktiv und unterwegs. Von 1963 bis 1968 blieb sie wegen der Kinder zu Hause, doch dann wollte sie unbedingt wieder arbeiten. Ihr Mann und ihre Schwiegereltern hielten davon nicht viel. Sie meinten, eine Mutter müsse zu Hause bleiben.

„Da hatte ich sehr zu kämpfen, bis ich das eines Tages durchgedrückt habe, dass ich doch arbeiten konnte", sagt Hanne.

Natürlich will ich wissen, wie sie das gemacht hat.

„Ich habe ständig gesagt: ‚Ich will wieder arbeiten. Ich verblöde hier'", antwortet sie. Selbst wenn eine Frau mit Kindern und Haushalt genug zu tun habe, sei das nicht wie richtige Arbeit. „Sie brauchen doch das Leben draußen", sagt sie. Also hat sie sich etwas gesucht, wo sie halbtags arbeiten konnte, als die jüngere Tochter in den Kindergarten kam. „Dann war ich immer zu Hause, wenn sie aus der Schule kamen", sagt Hanne. „Dann stand das Essen auf dem Tisch und das funktionierte prima."

Sie arbeitete zunächst in einem Reisebüro, das zu einer Reederei gehörte und übernahm später auch andere Tätigkeiten. Da lernte sie viel Neues und hatte, als sich die Situation dort änderte, genug Erfahrung, um ganz in ein Reisebüro zu wechseln.

Reiseglück

Im neuen Reisebüro war Hanne R. für Firmenkunden zuständig, die ihre Mitarbeiter weltweit zu ihrer Kundschaft schickten. Sie bekam die Reisedaten und musste die passenden Flüge und Hotels finden und buchen. Spanien, Skandinavien, Afrika, alles war dabei. Hanne R. fand das „wahnsinnig interessant".

„Und da hatte ich einmal ganz großes Glück", sagt sie.

Die Fluggesellschaften boten den Reisebüros Reisen für die Mitarbeiter an, damit die die Ziele der gemeinsamen Kunden kennenlernten. Eines Tages kam ein Angebot, zehn Tage nach Afrika zu reisen.

„Und dieses Glück habe ich gekriegt", sagt Hanne. „Und dann war ich in Kenia. Zehn Tage. Wahnsinn! Waaaahnsinn!"

Es war Ende der 1980er Jahren, aber von diesem Erlebnis zehre sie heute noch. Mit acht bis zehn Kollegen aus anderen Reisebüros landeten sie in Nairobi, fuhren zuerst an die Küste nach Mombasa und flogen dann von Nairobi aus mit kleinen Flugzeugen zu den einzelnen Reservaten. Dort waren sie jeweils zwei bis drei Tage mit Bussen unterwegs.

Was ist es, wovon sie heute noch zehrt?

„Diese Wahnsinns-Landschaft", sagt Hanne. Sie saßen zum Beispiel in einem Pavillon mit Strohdach nahe einer Wasserstelle. Abends konnten sie die vielen verschiedenen Tiere beobachten, die dort tranken. Elefanten, Gnus und Affen seien darunter gewesen. Auch von oben konnten sie die Zebra- und Gnu-Herden bewundern, wenn sie mit den kleinen Flugzeugen tief über die Steppe hinwegflogen. Hannes Augen leuchten und sie will sicherstellen, dass ich ihr Glück auch wirklich verstehe.

„Das kann ich heute als normaler Tourist auch alles machen", sagt sie. „Aber ich habe das *geschenkt* bekommen!"

Nach knapp 30 Jahren scheint sie dafür so dankbar zu sein wie bei der Reise selbst. Ich kann mir kaum vorstellen, dass sie damals noch dankbarer und begeisterter war. Sie bedauert, wie sich die politische Situation in den ostafrikanischen Ländern seitdem entwickelt hat. Offensichtlich liest Hanne viel und verfolgt, was in der Welt los ist.

„Dann hatten wir, wir beide, noch einmal ein Riesen-Glück", beginnt Hanne ihre zweite Reisegeschichte. Ihr Mann hatte den Kontakt zu seiner ehemaligen Klasse aus der Bergedorfer Jungenschule gehalten. Die meisten seiner Mitschüler machten nach der Schule eine kaufmännische Ausbildung, einige studierten, einer wurde Arzt. Eine tolle Klasse sei das gewesen. Einer dieser ehemaligen Mitschüler arbeitete für einen Hamburger Fruchthandel und sein Unternehmen schickte ihn nach der Lehre zum Lieferanten nach Chile, wo er schließlich die Tochter des Lieferanten heiratete.

„Wie es so im Märchen steht", sagt Hanne. Er krempelte den Laden dort so erfolgreich um, dass er aufblühte und ihm das heute ganz gehört. Trotz der Entfernung kam er möglichst oft zu den jährlichen Klassentreffen.

„In einem Jubiläums-Jahr lud er uns alle nach Chile ein", erzählt Hanne weiter. „Seitdem gehören wir Ehefrauen dazu."

Er führte sie in Chile herum, zeigte ihnen Patagonien und die Anden. Ein Teil der Gruppe flog zum weltgrößten Planetarium in der Atakama-Wüste. Hanne und Siegfried gehörten zu der Gruppe, die stattdessen nach Rio flog. Dort wohnten sie direkt an der Copa Cabana und bekamen – besonders zur Freude der Männer – eine Sondervorführung in der Karneval-Anlage.

„Das war toll", sagt Hanne.

Zehn Jahre später waren sie noch einmal dort. Wieder besichtigten sie viel per Bus, Bahn und Inlands-Flug, diesmal auch in Argentinien. Hannes Freundin aus dem Reisebüro hatte ihr gesagt, beim Rückflug solle sie prüfen, ob eine Nachricht für sie angekommen sei. Tatsächlich lag dort ein Fernschreiben vor. Die Freundin hatte es geschafft, Hanne und ihren Mann auf Business-Class umzubuchen.

„Das ist ein Unterschied!", sagt Hanne. „Sind Sie schon einmal Business-Class geflogen? Da sind sie wie ein kleiner König." Vor allem die Beinfreiheit habe sich bei dem zwanzigstündigen Flug gelohnt.

„Aber normal bezahlen kann das keiner von uns", stellt Hanne fest.

Ihre Freunde gönnen ihnen Gutes, denke ich mir. Das wird kein Zufall sein.

„Also, wenn Sie so wollen, hab' ich doch eigentlich vieles, das meiste sogar, auf das ich schön zurückblicken kann", sagt Hanne.

Ich entgegne, dass sie sich auffällig stark dafür begeistern kann.

„Ja, kann ich auch", sagt Hanne. „Ich muss immer wieder sagen, dass wir ein Wahnsinns-Glück gehabt haben. Selbst damals meine Mutter mit uns kleinen Kindern in dieser Hölle in Hamburg – davor und danach: Was haben wir für ein Glück gehabt! Dass sie da mit uns heil herausgekommen ist und weitergekommen ist."

Natürlich habe es auch schlimme Dinge gegeben. Der Mangel nach dem Krieg, die ständigen Steckrübenbrote, der Mais und das gefährliche Klauen der Kohlen vom Kokswagen seien Beispiele dafür. Das falle ihr gerade so ein, aber als Erstes denke sie immer an die schönen Dinge, für die sie sich heute noch begeistern könne. Deshalb müsse sie klar sagen, sie hätten immer wieder Glück gehabt. Bei ihrer Schwägerin sei das auch so gewesen: Es war schlimm, dass der Mann so früh gestorben ist. Aber sie hat wieder einen sehr netten Mann gefunden und mit ihm noch zwei Kinder bekommen.

„Es hat sich alles zum Guten gewendet", fasst Hanne zusammen.

Gute Freunde und tolle Töchter

Die Geburten der zwei Töchter verliefen sehr unterschiedlich. Bei der ersten Tochter 1963 fuhr Hanne nachmittags ins Krankenhaus und musste bis Mitternacht warten – eine schmerzhafte Zeit. Die zweite Tochter lag während der Schwangerschaft dauernd so, dass es schmerzte, doch dafür ging die Geburt sehr flott. Eine gute Stunde, nachdem ihr Mann mit Hanne zum Krankenhaus losgefahren war, war die Tochter schon geboren. Die eine habe bei der Geburt gepiesackt, die andere vor der Geburt.

„Aber wenn die Gören erst einmal da sind, dann ist das alles vergessen", sagt Hanne.

Beide hatten viel und früh mit Kinderkrankheiten zu tun. Die ältere Tochter steckte sich gleich zu Beginn bei einem Cousin mit Keuchhusten an. Probleme mit Augen und Zähnen kamen irgendwann dazu, und Hanne war häufig mit ihren Kindern zu den entsprechenden Spezialisten unterwegs. Die jüngere Tochter steckte sich mit einer gefährlichen Stoffwechselkrankheit an, die erst spät entdeckt wurde. Irgendwann war sie so schwach, dass die Eltern nachts die Ärztin nach Hause bestellten. Im damaligen Kinderkrankenhaus in Rotenburgsort bekam das Kind eine Intensivbehandlung. Hanne wurde erst später klar, wie nahe am Tod es gewesen war. Danach war die jüngere Tochter noch eine ganze Weile geschwächt, ging einige Entwicklungsschritte relativ spät an und brauchte orthopädische Behandlung. Ihre große Schwester musste regelmäßig zur Sehschule.

„Ich musste für die Kinder da sein", sagt Hanne. „Aber im Großen und Ganzen ist das alles geglückt. Also, meine Kinder sind wunderbar geworden." Sie lacht. „Aber das hat Arbeit gemacht, das hat gekostet."

Als Jugendliche bewunderte Hanne die Familie einer Freundin, in der es sieben Kinder gab, die immer füreinander da waren. In den Ältesten war sie sogar heimlich verliebt. Ihre „erste stille Liebe" nennt sie ihn. Damals wollte sie auch sieben Kinder bekommen. Heute ist sie glücklich darüber, zwei gesunde erwachsene Töchter zu haben, die beruflich und privat bestens zurechtkommen.

Wir kommen im Gespräch zurück auf die Klassentreffen, die bis nach Chile geführt haben. Noch heute finden diese Treffen statt, sie konzentrieren sich aber mehr auf Bergedorf und Umgebung, wo noch viele ehemalige Mitschüler leben. Die Mobilität hat abgenommen. Wer nicht mehr laufen kann, wird halt von anderen im Auto mitgenommen. Der Geschäftsmann aus Chile lebt mittlerweile hauptsächlich in der Schweiz. Er kann nicht bei jedem Klassentreffen dabei sein, aber pflegt mit einigen noch eine enge Verbindung.

Aus der gesamten Gruppe hat sich ein ‚harter Kern' herauskristallisiert, der sich häufiger trifft und auch etwas unternimmt. Als es noch möglich war, trafen sie sich zum Beispiel eine Woche an der Ostsee und unternahmen von dort aus Fahrradtouren.

„Dieser harte Kern, der ist – der ist wirklich hart", sagt Hanne. Sie halten zusammen. „Und wir telefonieren alle Nase lang."

Darüber hinaus liest Hanne sehr gerne und besucht mit den Freundinnen vor Ort Konzerte. Besonders lieben sie klassische Komponisten wie Bruckner, Brahms und Mahler. Hannes Mann lag solche Musik früher fern, doch inzwischen mag auch er sie und geht gerne mit. Sie seien ständig unterwegs, meint Hanne. Ohne Kalender gehe es nicht. Deshalb ärgern sie die Termine zur Krankengymnastik, die sie wegen der Knie-Operation wahrnehmen muss.

„Die blöde Krankengymnastik ist so schrecklich, weil sie sehr viel Zeit wegnimmt", sagt Hanne. Langeweile scheint sie nicht zu kennen.

Schließlich kümmern sie sich mit über 80 Jahren auch noch um die 99jährige Patentante der älteren Tochter. Bis ins letzte Jahr konnte die alte Dame noch alleine leben und hatte nur eine Putzhilfe. Eingekauft haben Hanne und ihr Mann für sie. Doch dann konnte sie die Treppenstufen nicht mehr bewältigen und zog in die Seniorenwohnanlage um, die sie sich schon lange für diesen Fall ausgesucht hatte. Manchmal ist Hanne genervt, wenn sie dort hin muss, manchmal schimpft die eigensinnige alte Dame auch und Hanne schimpft zurück. Andererseits telefonieren sie viel miteinander und wenn Hanne dann sagt, wann sie kommen, trägt sie sich das sofort in ihren Tischkalender ein.

„Wenn wir dann kommen und sie sieht uns, dann ist sie so glücklich. Und sie sagt es auch", erzählt Hanne. „Früher hätte sie sowas nie gesagt, etwas Gutes. Aber heute sagt sie: Was täte ich nur ohne euch.' Und dann bin ich froh, dass wir wieder hingefahren sind, obwohl es nervt und ich hinterher groggy bin."

Ihre Kinder seien genau solche Kümmerer, sagt Hanne. Sie seien ständig für sie da und ließen sich immer etwas einfallen. Zum 80. Geburtstag hat sie drei Tage auf einer Schönheitsfarm von ihnen bekommen.

„Wellness. Das war sooo toll", schwärmt sie.

Zum runden Geburtstag ihres Vaters hatten die Töchter heimlich drei Tage auf Sylt gebucht und die Eltern abgeholt, ohne dass die wussten, wohin es gehen sollte.

„Insofern kann ich schon wieder nur sagen: Welch ein Glück!"

Worauf es ankommt

Was empfiehlt Hanne R. jüngeren Generationen, nachdem sie auf ihr bisheriges Leben zurückgeblickt hat?

„Worauf kommt es an?", frage ich.

„Schule", sagt Hanne. „Vorher haben Sie ja eigentlich noch keinen Einfluss auf Ihr Leben. Aber sobald das mit der Schule anfängt, haben Sie schon Einfluss, wenn Sie denn wollen. Und unsere mussten wollen! Was glauben Sie, wie ich da hinterher war."

Die Schule der Kinder lag vor der Tür und Hanne versäumte keinen Elternsprechtag. Aus ihrer Sicht kümmerte sie sich sehr. Aus Sicht ihrer Kinder, sagt sie, habe sie sich oft zu viel eingemischt. Es habe sie geprägt, dass sie selbst nur eine einfache Schulbildung hatte.

„Die Bildung ist so wichtig", sagt Hanne.

Als sie nach Seevetal zogen, gingen beide Töchter gleich in den Sportverein. Dort konnten sie sich nach Lust und Laune austoben. Beide machten Jazz Dance und eine war auch Leistungsschwimmerin. Kirchliche Jugendangebote nutzten sie ebenfalls. Sie waren viel zu aktiv, um herumzulungern, das war Hanne wichtig. Ihre Töchter sollten die Möglichkeiten nutzen, die die Kriegsgeneration nur eingeschränkt gehabt hatte. Rechtzeitig vor dem Abi überlegten sie als Eltern mit den Töchtern, was diese nach der Schule machen wollten. Zwar waren sie über die Entscheidung der älteren Tochter zur Krankenpflege-Ausbildung nicht ganz glücklich. Das konnten sie aber anscheinend mittragen. Unvorstellbar wäre gewesen, dass die Töchter erst nach dem Schulabschluss zu überlegen beginnen, wie es weitergehen soll.

Was hat Hanne aus ihrer Sicht in ihrem Leben genau richtig gemacht?

„Das mit den Kindern, ja", antwortet sie. „Ich bilde mir etwas drauf ein, dass die Kinder so geworden sind, wie sie sind. Denn sie sind beide ganz toll." Sie sei beeindruckt, wie sich die große Tochter in die Computerwelt hineingefuchst hat, und „den richtigen Kerl hat sie auch gefunden." Und was die Jüngere alles hinbekommt, fasziniert sie ebenso.

„Das ist eigentlich unser Höhepunkt", sagt Hanne. „Und dass wir das so lange miteinander ausgehalten haben, das ist auch eine schöne Sache." Es scheint sich gelohnt zu haben, dass sie nicht die Koffer gepackt hat, wenn die Ehe schwierig wurde.

Sie haben beide keine Lust, nur herumzusitzen. Sie müssen raus. „Dann fahren wir beide nach Hamburg, suchen uns einen Parkplatz und bummeln da durch die Stadt. Gehen irgendwo was essen. Und so haben wir viele gemeinsame Sachen, die wir gerne zusammen machen", erzählt Hanne. Normalerweise sehen sie abends auch gerne zusammen Krimis. Nur an Abenden wie diesem sehen sie getrennt fern. Da kommt „Jauch mit seinen Millionen" und den sieht Hanne einfach zu gerne.

„Das ist alles okay bei uns", sagt sie. „Obwohl wir uns mal anschnauzen und die Fetzen fliegen. Nein, die fliegen heute nicht mehr, das war früher so. Aber wir haben doch Meinungsverschiedenheiten, aber das ist doch normal."

Bevor ich abfahre, sitzen wir noch einige Minuten mit Hannes Mann zusammen und schließlich bin ich überrascht, wie spät es geworden ist, obwohl wir sicher noch viele Themen gefunden hätten.

Folgende direkte und indirekte Tipps möchte ich mir aus diesem Gespräch merken:
- Hartnäckig für die Dinge kämpfen, die einem wichtig sind.
- Sich an das Gute und das Besondere intensiv erinnern.
- Sich klar machen, was das Gute in den schwierigen Situationen war.
- Sich begeistern und dankbar sein.
- Das Leben eigenverantwortlich in die Hand nehmen.
- Langfristige Freundschaften regelmäßig pflegen.

MARLIESE B.: CHANCEN ERGREIFEN!

„Große Veränderungen in unserem Leben können eine zweite Chance sein."
(Harrison Ford)

Es ist ein Freitagnachmittag, Mitte März 2016. Marliese B. lebt in einem schönen Bremer Mehrfamilienhaus im Stadtteil Schwachhausen. Auf den Klingelschildern taucht ihr Nachname zweimal auf und ich entscheide mich richtig, als ich ganz oben klingle. Es gibt keinen Aufzug. „Noch eine Frau über 80, die täglich Treppen bewältigt", denke ich.

Oben angekommen, schnaufe ich etwas mehr als ich zugeben mag. Danach überrascht es mich wenig, als mir eine schlanke, sportlich-elegante Dame öffnet, die auch zehn Jahre jünger sein könnte. Marliese B. bittet mich freundlich herein und gemeinsam gehen wir noch eine weitere Treppe nach oben in ein gemütliches Wohnzimmer unter Dachschrägen, wo wir uns an den gedeckten Kaffeetisch setzen. Marliese B. fragt, ob ich Journalistin bin oder ein Buch schreibe und wie noch gleich die Zusammenhänge sind. Mir wird bei der achten Gesprächspartnerin neu bewusst, wie viel Vertrauensvorschuss mir hier Menschen geben, die mich zum ersten Mal treffen. Ich schildere die Zusammenhänge von der ersten Idee bis zu meinem Umsetzungsplan.

„Ja, aber ich finde mein Leben gar nicht so außergewöhnlich spannend", sagt Marliese B. Ihre Freundin, die mir das Gespräch vorgeschlagen hat, sieht das offenbar anders.

Von Warwickshire bis zur Bremer Landesbank

Zunächst frage ich nach ihrem Vornamen, den ich bisher noch nicht kenne. ‚Marliese' – schon der Name ist außergewöhnlich. Marliese B. mag ihren Namen, weil er weicher klingt als ‚Marlies'. Es sei eine Zusammensetzung aus den Namen ihrer Tanten.

„Ich bin ganz schlicht Bremerin", erzählt sie. Im Thüringer Viertel zwischen Hastedt und Ostertor sei sie als Einzelkind aufgewachsen. „Und da ich Jahrgang '35 bin, war ich also vier, noch nicht ganz, als der Krieg begann. Man kennt dann ja nichts anderes, nur Krieg." Dass man nachts aufstehen muss, um in den Bunker zu laufen, käme einem selbstverständlich vor, sagt sie. Ihr

Vater war Soldat, und Marliese war mit ihrer Mutter ein Jahr in der Oberlausitz, bevor sie von dort schließlich zurück nach Bremen flohen.

„Gott sei Dank", sagt Marliese. „Meine Mutter hat lange überlegt. Man hörte schon immer die Russen, das Kanonenfeuer." Die Angst sei immer da gewesen. Andererseits erschien die Situation selbstverständlich. Ich möchte wissen, wie Marliese das als Kind erlebt hat.

„Also, erst einmal war man ja behütet von der Mutter", sagt Marliese. „Man war im Bunker immer auch mit Nachbarn zusammen. Wir saßen alle irgendwie in einem Boot. Vielleicht hat es das gemacht." Der Ausnahmezustand war zur gemeinsamen Normalität geworden. „Ich kann mich erinnern", fährt sie fort, „dass ich zwischendurch mal Gefühle hatte, dass das nie enden würde." Man wusste nie, was noch steht, wenn man aus dem Bunker wieder herauskam.

„Extreme Kindheitserfahrungen", merke ich an.

„Ja, aber ich glaube nicht, dass ich daran groß Schaden genommen habe", sagt Marliese und lacht. „Aber man weiß es nicht." Sie gehöre nicht zu den Menschen, die sich präzise an Details aus der Kindheit erinnern. Sie habe Freundinnen, die noch Gespräche aus Schulzeiten wiedergeben könnten.

Prägend für Marliese B. war die schwierige Ehe ihrer Eltern. Jeder Elternteil für sich sei in Ordnung gewesen, aber zusammen habe es nicht funktioniert. Die Schwierigkeiten des Vaters in der beruflichen Selbstständigkeit haben die Situation verschärft. Die Insolvenz konnte er vermeiden, aber die Unsicherheit war spürbar. Eine Trennung kam für die Mutter schon aus wirtschaftlichen Gründen nicht infrage. Sie musste durchhalten und das tat sie, bis sie mit 55 Jahren an Krebs starb. Wie haben sich die Schwierigkeiten ihrer Eltern auf Marliese ausgewirkt? Inwiefern waren sie prägend?

Laute Streitgespräche könne sie zum Beispiel schwer ertragen, erklärt Marliese, und etwas Bindungsangst habe sie auch immer gehabt. Andererseits habe sie viel Liebe und Ermutigung erfahren. Ihr Vater, der selbst mit 14 Jahren von der Schule hatte abgehen müssen, legte großen Wert auf Bildung und ermöglichte ihr das Abitur. Er hätte es gerne gesehen, wenn sie studiert hätte. Marliese entschied sich dagegen. Zutreffender ist vielleicht: Sie konnte sich nicht dafür entscheiden. Sie wusste nicht, was sie studieren sollte und was sie dafür tun musste.

„Obwohl mir immer alle zugeredet haben und mich immer sehr bestätigt haben", sagt Marliese. Trotzdem wusste sie nicht, wie sie es zum Beispiel angehen sollte, ein Zimmer in einer anderen Stadt zu nehmen. Fast hat Marliese mich überzeugt, dass sie eine durchgehend schüchterne junge Erwachsene war, als sie fortfährt: „Stattdessen war ich mit meiner Freundin in England. Das war damals sehr beliebt. Ich war in Leamington Spa, Warwickshire." Landschaftlich sei es dort sehr schön gewesen.

„Aber ich war bei älteren Herrschaften, musste mir meine Position erst erobern", sagt Marliese. Die Reise hatte sie gemeinsam mit der Freundin geplant, von der sie sich in London trennte, bevor sie weiter in den Norden reiste. „Wir haben uns öfter gesehen, London besucht", erzählt sie. „Aber sonst war ich sehr eingebunden in die Familie." Damals hätten das viele gemacht. Die Adressen bekamen die beiden Freundinnen durch Mund-zu-Mund-Propaganda. „Das haben wir alles selbst organisiert", sagt Marliese. „Ohne große Reiseerfahrungen."

Ich muss endlich die Frage loswerden, die mir auf der Zunge liegt: Wie passt das zu ihrer Unsicherheit, wie sie sich ein Zimmer in einer deutschen Stadt für ein Studium suchen könnte?

„Das war anders", meint sie. „Ich kam in eine feste Struktur, in eine Familie." Die Kinder seien schon groß gewesen, aber sie habe sie trotzdem häufig gesehen. Jede Familie habe einen Hund gehabt und es sei immer etwas los gewesen. Es drehte sich alles um das Familienoberhaupt, den alten Zahnarzt, der noch einmal in der Woche in Birmingham Privatpatienten behandelte.

„Komischerweise weiß ich gar nicht, wie alt er damals war", sagt Marliese. „Für mich waren sie alt." Sie lacht. „Heute würde ich vielleicht sagen, dass sie etwa 65 waren." Mit ihren Eltern telefonierte sie nur ein einziges Mal an Heiligabend. Sonst schrieb sie ihnen. Morgens um sieben brachte sie dem Ehepaar den Tee ans Bett und anschließend stand sie an der Kommode in ihrem Zimmer, um schnell einige Zeilen zu schreiben. 13 Monate blieb sie bei dem Paar und hat sich unter Tränen wieder getrennt. Zum Abschluss war sie noch vier Wochen mit der Enkelin an der See in Sidmouth, Devonshire.

„Der Auslandsaufenthalt hat mir gut getan", sagt sie. „Ich bin heute noch erstaunt, dass ich dort vor der Tür gestanden habe mit meinem Koffer – und mein Schicksal erwartet habe." Wieder lacht sie bei der Erinnerung. Das Jahr in England habe viel zu ihrer Selbstständigkeit beigetragen. Schließlich seien sie sonst nie gereist. In den Sommerferien stand sie stattdessen mit ihren Freundinnen häufig am Rollschuhstadion in der Pauliner Marsch und sah zu, wie die Läufer ihre Runden drehten. Auch selber war sie sehr aktiv, zum Beispiel im Schwimmverein und später im Ruderbereich beim Stilrudern. Als Erwachsene war sie begeisterte Skiläuferin. Sie ist überzeugt, dass es für sie als Einzelkind besonders wichtig war, aktiv und unter Menschen zu sein. Gleich nach dem Krieg sei sie einmal mit ihrer Mutter unter ganz primitiven Umständen über Silvester in Altenau im Harz gewesen und dann mit 18 Jahren noch einmal für 14 Tage mit einer Freundin an der Ostsee in Kellenhusen. Das war alles. Anfang des Jahres einen Jahresurlaub zu planen, kannte sie nicht. Heute sei das anders. Junge Menschen fliegen selbstverständlich mit und ohne Eltern in der Welt umher.

Ich frage mich: Genießen wir unsere Möglichkeiten weniger, weil wir uns weniger darum bemühen müssen? Auch dass die Eltern ihre Kinder fördern, sei heute selbstverständlicher, meint Marliese. Sie ist ihrem Vater dankbar, dass er schon damals solchen Wert auf Bildung legte. Ihre Mutter erinnert sie als liebenswerte, lustige, bescheidene und sehr pflichtbewusste Frau. Ihr Sicherheitsbedürfnis passte jedoch wenig zur Selbstständigkeit des Vaters. Nach anfänglichem Erfolg mit einer kleinen Vertriebsfirma kam der Misserfolg. Er gab zu viel Vorschussvertrauen und wurde enttäuscht. Seine Frau ermunterte ihn, sich wieder in der Schifffahrtsbranche anstellen zu lassen, doch das wollte er nicht. Erfolg und Bestätigung erlebte Marlieses Vater schließlich, als er es wagte, sich als Schiffsmakler für Binnen- und Küstenmotorschiffe selbstständig zu machen. Leider konnte seine Frau das nicht mehr miterleben.

Marliese selbst wusste 1956, nach ihrem Aufenthalt in England, nicht, was sie beruflich tun sollte. Die Eltern hatten Kontakte zur Bremer Landesbank und schlugen ihr vor, sich dort zu bewerben. Als Übergang, dachte sich Marliese, sei das ganz in Ordnung.

„Ja, dann habe ich mich vorgestellt mit Zittern und Zagen", erinnert sie sich. Der Personalchef führte das Vorstellungsgespräch mit ihr. Seine drei Kinder studierten und er konnte nicht verstehen, warum Marliese dort vor ihm saß, statt ebenfalls zu studieren. Marliese kamen damals fast die Tränen, weil sie nicht wusste, wie sie antworten sollte. Sie konnte im Vorstellungsgespräch doch nicht erklären, dass sie diese Arbeit nur für einen beschränkten Zeitraum als Übergang betrachtete. Bis heute scheint sie sich zu wundern, dass sie von der Bank angestellt wurde, obwohl sie nicht einmal wusste, was Soll und Haben ist. Marliese kam in einen großen, alten Raum zu mehreren Kollegen. Bis auf einen älteren Herrn waren alle jung und für Marliese war das alles eine neue Erfahrung. Sie wurde in der Kreditabteilung eingearbeitet, die eine durchleitende Station für die Aufbaudarlehen in der Nachkriegszeit war. Nachdem sie es erst einmal begriffen hatte, bot die Arbeit ihr keine Herausforderung mehr.

„Mir war schon klar, dass ich das auch nicht bis ans Lebensende machen würde", sagt Marliese. Doch sobald sie unzufrieden wurde und sich nach Veränderung sehnte, kam ihr die Veränderung innerhalb der Bank entgegen.

„Mir kamen ja im Laufe meines Lebens die Dinge immer entgegen", erklärt Marliese. „Ich hab' mich wenig bemühen müssen. Und da ich kein Kämpfertyp bin, musste das wahrscheinlich so sein."

„Also, letztendlich war ich 17 Jahre bei der Bank", erklärt sie mit lauterer Stimme. „Ich habe gar nicht mehr gewechselt."

Ich bin überrascht und neugierig, wie es dazu kam. Nach ihrer buchhalterischen Tätigkeit habe sie eine Weile im Vorzimmer gesessen. Die Tätigkeit an sich war dort auch nicht sehr aufregend, doch es war enorm viel los. Der Zusammenbruch des Bremer Autobauers Borgward fiel in diese Zeit und sorgte für Trubel. 1966 wartete eine neue Aufgabe auf Marliese. Eine der Vorstandssekretärinnen erkrankte an Lungen-TB und musste kurzfristig ersetzt werden.

„Hm, würde ich wohl machen", antwortete Marliese, als ihr der Posten angeboten wurde.

„Und dann hatte ich sehr interessante Jahre", sagt sie.

„Was war so interessant?", frage ich nach.

„An der Quelle zu sitzen", erklärt Marliese. Aus dieser Perspektive habe sie das Bankgeschehen ganz anders kennengelernt.

„Als Sekretärin von Herrn Soundso wurde man ja auch sehr hofiert", sagt sie. „Hat mir schon alles gut gefallen."

Plötzlich Ehefrau und Mutter

In der Bank freundete Marliese sich zu Beginn mit einem jungen Mann an und verlobte sich mit ihm. Sie sagt, sie hätten anfangs eine wunderschöne Zeit gehabt, sie hätten sich aber doch auseinander entwickelt. Wie schwierig eine solche Beziehung werden konnte, hatte Marliese bei ihren Eltern gesehen, und so trennte sie sich lieber vor einer Heirat von ihrem Verlobten. Die Zwillingsschwester dieses jungen Mannes heiratete einen Architekten und bekam eine Tochter, deren Patin Marliese wurde. Als Marliese B. 37 Jahre alt war, starb die Mutter ihres Patenkindes und plötzlich stand sie vor der Aufgabe, sich um das Kind zu kümmern. Ein junges Mädchen wurde engagiert, das tagsüber nach der Kleinen sah, aber das war nur eine Zwischenlösung. Also heiratete Marliese den Architekten. Für ihr Patenkind sei das alles selbstverständlich gewesen, sagt sie.

Marliese hatte die Freiheit als Single genossen. „Aber irgendwie war es auch eine gewisse Leere", sagt sie. „Ich habe diesen Schritt nicht bereut, weil ich von da an ein ganz anderes Leben führte." Sie konnte das Familienleben nach ersten Umstellungsschwierigkeiten genießen. Bis heute fragt sie sich, ob es wirklich in Ordnung war, ihren Mann so schnell nach dem Tod seiner ersten Ehefrau zu heiraten. Doch sie hatte eine für damalige Verhältnisse sehr gute berufliche Stellung. Die wollte sie nicht aufgeben, um vorübergehend für ein Jahr auszuhelfen. Den Schritt aus der Bank heraus wollte sie mit einer klaren Perspektive gehen. Sie klingt überzeugt und in meinen Ohren klingt es vernünftig.

„Ja, schon", sagt sie. „Aber Außenstehende können das vielleicht nicht so nachvollziehen."

Anscheinend musste sie sich für diesen Schritt rechtfertigen – vor sich oder vor anderen. Für ihren Mann sei es eigentlich zu früh gewesen, meint sie, auch wenn er damit einverstanden war.

„Es ist nicht so einfach, sich von jetzt auf gleich auf einen anderen Menschen einzustellen", sagt Marliese.

Gab es eine Alternative zur Heirat, die Marliese und ihr Mann diskutiert haben? Marliese verneint das.

„Das sind so Ausnahmesituationen, so ganz dramatische Situationen", sagt sie. „Dass die Frau stirbt, das ist so schrecklich. Und das Kind und die Berufstätigkeit ..." Es habe einfach jemand hergemusst. Die Aufgabe, sich um das Kind zu kümmern und ein Familienleben zu führen, habe sie auch gereizt.

„Ich glaube, also das ist jetzt sehr egozentrisch gesagt, aber mir hat das sicherlich gut getan", sagt sie. Ich bin überrascht, dass ich bei zehn Lebensgeschichten nun schon zum zweiten Mal höre, dass eine Ehe entstanden ist, weil eine Mutter gebraucht wurde. Marliese zog zu ihrer neuen Familie aufs Land nach Oyten. Das Architekturbüro ihres Mannes, in dem sie aushalf, lag in Bremen. Die Ehe brachte zwar Klarheit mit sich, aber keine existenzielle Sicherheit. Es habe sich alles sehr turbulent entwickelt.

„Im Grunde genommen wiederholt sich so ein bisschen das Muster, das ich zu Hause hatte im kleinen, und jetzt im etwas größeren Format", sagt Marliese. Als selbstständiger Architekt war ihr Mann sehr großzügig und gab seinen Geschäftspartnern und Angestellten viel Vertrauensvorschuss.

„Trotz guter Auftragslage und großer Außenstände mussten wir Konkurs anmelden", erklärt Marliese.

Ihr Mann hatte die erste Ferienhaussiedlung an der Nordsee in Burhave gebaut, dann eine in der Heide und später unter anderem auch in der Pfalz. Für die Fertighausbauten im ganzen Bundesgebiet war er auf Bauleiter vor Ort angewiesen, und die Kooperationen funktionierten nicht wie erwartet. Die Belastungen führten dazu, dass ihr Mann auch gesundheitlich angeschlagen war. Ein relativ leichter Schlaganfall war 1979 ein erstes Warnzeichen.

„Naja", sagt Marliese. „Es hat zehn Jahre gedauert, praktisch, bis wir die Firmen abgewickelt haben. Wir mussten sofort das Büro räumen, innerhalb von vier Wochen, damit es vermietet werden konnte, um eine Einnahme zu erzielen. Hat auch geklappt – mithilfe von Freunden und so. Wir haben auch immer wieder freundschaftliche Hilfe gehabt." Ihr Mann schaffte es, ihre Existenz zu sichern. Noch immer erwähnt Marliese mit keinem Wort, dass sie den Austritt aus der Bank bereut hat. Sie hatte ihre neue Aufgabe in der Familie gefunden und empfand das trotz aller Hürden als richtig.

„Sie haben behauptet, Sie haben nicht so ein spannendes Leben und jetzt ist es doch so spannend", sage ich mit einem Blick auf meinen Kaffee, den ich ganz vergessen habe.

Marliese sieht das ein. Sie habe aber einen Komplex, weil sie nicht studiert habe und nicht viel in der ersten Reihe bewegt habe. „Ich habe immer so im Hintergrund gestanden, war sehr pflichtbewusst, hat immer alles geklappt. Das ist einfach meine Welt", sagt sie.

„Das ist Ihr Beitrag", sage ich. Ich verstehe nicht ganz, warum sie sich dafür rechtfertigen sollte.

„Ja, das ist mein Beitrag", bestätigt sie.

In Marlieses heutiger Wohnung hatte ihr Mann anfangs mit seiner Familie gewohnt. Dort war Marlieses Patenkind und späteres Stiefkind geboren worden. Und hierher zogen sie zurück, als sie mit dem Architektenbüro 1980 Konkurs anmeldeten. Der damalige Mieter hatte Verständnis für ihre Situation. Marlieses Mann wollte zwar nicht zurück in die laute Stadt, aber es ging nicht anders. Als sie später etwas erbten, sorgte er zum Beispiel für eine Dreifachverglasung. Ich höre während unseres Gesprächs tatsächlich gar nichts von lauter Stadt.

„Ich habe gerne in Oyten gewohnt, aber wohne auch sehr gern hier", sagt Marliese. Die zehn Jahre, die sie brauchten, um alle Probleme aufzulösen, Häuser zu verkaufen und Gläubiger zu befriedigen, hat Marlieses Mann noch gut durchgestanden. Er hatte zuerst noch allerhand Pläne. Dann bekam er zunehmend Beschwerden und änderte sich in seiner Persönlichkeit. Vorher war er immer ausgeglichen und geduldig gewesen. Nachdem alles geregelt war, baute er ab, saß im Sessel, rauchte und schlief.

„Er konnte nicht mehr gut sprechen", sagt Marliese. „Er konnte nicht mehr artikulieren, was er dachte. Und damals hatten wir noch einen etwas größeren Freundeskreis. Da ging das Gespräch immer an ihm vorbei. Und bis er dann etwas dazu sagen konnte, war das Gespräch schon weiter."

Ich bekomme eine Vorstellung davon, wie frustriert er war. Marliese hat den Eindruck, die meisten Männer müssten möglichst immer etwas bewirken.

„Produktiv sein?", frage ich.

„Ja, produktiv vielleicht", sagt Marliese. „Oder eine Aufgabe haben. Und wenn der Mann die nicht mehr hat, dann will er nicht mehr leben. Mein Mann hatte, Gott sei Dank, einen leichten Tod. Er musste nicht mehr ins Krankenhaus."

Auch Marliese war an ihre Grenze gekommen. Ihr Mann konnte am Ende weder die Treppe bewältigen noch war er bereit, Entscheidungen zu treffen. So musste sie die Dinge am Laufen halten und sollte doch am liebsten neben ihm auf dem Sofa sitzen. Wenn sie das tat, schaltete er den Fernseher ein. Es war klar, dass es auf Dauer nicht so weitergegangen wäre. Sie hätten umziehen oder Hilfe haben müssen. Er starb 1999 im Schlaf, in einer Nacht, in der Marliese nicht damit rechnete. Rückblickend betrachtet Marliese das als befreiend für beide.

Nur fünf Wochen nach seinem Tod wurde sein zweiter Enkel geboren. Marliese zog los, um ihr Paten- und Stiefkind zu unterstützen. Das Leben ging weiter.

Möglichkeiten nutzen

Nach dem Tod ihres Mannes und der Geburt des zweiten Enkels veränderte Marliese viel in der Wohnung. Vor allem die dunklen Farben bei Lampen und Auslegeware ersetzte sie. Olivgrün war einmal modern gewesen und entsprechend hatte ihre Einrichtung ausgesehen.

„Ich hab' Bilder hingehängt und neue Lampenschirme gekauft", sagt Marliese. „Ich war wie getrieben am Anfang."

Auch weitere Reisen gönnte sie sich nun. Mit ihrem Mann war sie nur noch innerhalb Deutschlands gereist. Diese Reisen waren zwar ein Ortswechsel, brachten aber keinen Abstand mehr von den Problemen mit sich. Ein Stück weit sei der Tod ihres Mannes auch in dieser Hinsicht eine Befreiung gewesen, sagt Marliese. Ich finde das nach den beschriebenen Umständen nachvollziehbar. Marliese konnte nun mit Freundinnen zu Zielen reisen, die sie sich schon länger gewünscht hatte. Sizilien war eines dieser Ziele. Inzwischen werde das Reisen weniger, sagt Marliese. Es wird schwieriger, ebenso mobile Mitreisende zu finden.

Sie habe es leicht, zufrieden zu sein, meint Marliese. Schließlich sei sie gesund. Nur die Krankheit der Tochter belaste sie. Ihre Tochter lebt seit 2012 im gleichen Haus. Nach einer Krebsoperation bekommt sie zur Zeit unseres Gesprächs vorsorglich noch eine Chemotherapie. Sie gehe nach außen gut mit der bedrohlichen Krankheit um, die sie gerade beschäftigt, gehe laufen, helfe ihrem Freund auf dem Lande beim Umbau, gehe viel mit dem Hund spazieren, lenke sich ab. Psychisch aber sei es ein Riesenproblem.

Ich frage Marliese, wie sie selbst das verkraftet.

„Ich leide schon mit, natürlich", sagt sie. „Und es ist ein ständiger Druck. Ich weiß immer nicht, wie es am nächsten Tag ist." Auch über ihr hänge das die ganze Zeit. Eine solche Krankheit sei bitter. Abgesehen davon ist Marliese zufrieden, und ich will wissen, was sie zufrieden macht.

„Dass ich meine Existenz habe, ohne große Sprünge zu machen", antwortet sie. „Dass ich keine Not leide. Dass ich es schön habe, gemütlich. In Konzerte gehen kann. Rad fahren kann." Sie hört gerne Konzerte der Bremer Philharmonie, geht aber gerne auch einmal in den Sendesaal. Nach dem Umzug von Radio Bremen sei der fast abgerissen worden. Inzwischen finden dort Veranstaltungen und Konzerte statt. Sehr empfehlenswert, meint Marliese.

„Da geht man nicht hin, um sich schön zu machen", sagt sie. „Da geht man so hin, es ist sehr intim."

Mit dem Fahrrad bewegt sie sich in der Stadt, wenn sie nicht die Bahn nimmt oder zu Fuß geht. Hin und wieder macht sie aber auch eine kleine Tour durchs nahe gelegene Blockland, wo man lecker Eis essen kann. „Und sonst fahren wir auch mal mit dem Auto raus, mit Freundinnen nach Fischerhude oder Worpswede", erzählt Marliese. „Ja, also so könnte es bleiben."

Das klingt unternehmungslustig und ich habe den Eindruck, dass das noch nicht alles ist. Mit einem Blick auf ein Buch über Kunst, das in unserer Nähe liegt, frage ich, ob sie sich auch dafür interessiert. Es würde zu Marliese B. passen, finde ich. Sie scheint Geschmack und einen Sinn für das Schöne zu haben.

„Ja, ich gehe gerne in Ausstellungen, das stimmt", sagt sie. Nicht nur in Bremen sieht sie sich Ausstellungen an. Mit einer Freundin fährt sie gerne mit dem Niedersachsenticket nach Hamburg, wo sie unter anderem ins Bucerius-Forum gehen. „Ja, das mach' ich furchtbar gerne, das stimmt", bekräftigt sie noch einmal.

Darauf angesprochen, dass sie auch so passend Ton in Ton gekleidet ist, reagiert Marliese überrascht.

„Ja, wenn man grau wird, muss man ein bisschen Farbe tragen. Das ist sonst langweilig", erklärt sie und wir lachen.

Marliese sagt, sie könne so zufrieden sein, weil ihr nichts fehle, sie die Tochter im Haus habe und mitbekomme, was mit den Enkeln geschehe. Ihr Haus hat zehn Wohneinheiten, die Marliese vermietet und verwaltet. Sie ist immer gut beschäftigt.

„Jetzt nicht mehr so viel. Aber das ist eben auch ganz organisch, finde ich. Wenn man jünger ist, kann man auch mehr bewältigen. Und jetzt ist es so viel, dass ich auch immer irgendwas anschieben muss, telefonieren muss, immer so ein bisschen noch bürotechnisch unterwegs bin." Mal geht der Strom im Treppenhaus nicht, mal muss sie Angebote einholen oder bezüglich der Kanalsanierung etwas vorantreiben. So hat sie auch dann immer noch genug zu tun, wenn sie nicht in Konzerten, bei Ausstellungen oder auf Fahrradtouren unterwegs ist.

„Aber immer so, dass man nicht ächzt", sagt sie.

Ihre Hamburger Freundin, mit der sie schon ‚ewig' befreundet ist, hat vier erwachsene Kinder. Sie leben mit ihren Familien alle in Hamburg. Die habe dort in der Familie ihr Betätigungsfeld, so wie sie ihr Haus hat, um das sie sich kümmert. Zusammen mit zwei weiteren Freundinnen aus der Schulzeit bilden sie ein Quartett, das einmal jährlich für drei Nächte gemeinsam unterwegs ist. Eine richtet es jeweils aus, die anderen kommen dazu. Als Marlieses Mann krank war, sind die anderen drei häufig nach Bremen gekommen. Auch in Burhave waren sie mehrfach. Als einer der anderen Ehepartner bettlägerig war, sind sie eben dorthin gefahren, damit alle dabei sein konnten. Nach Maastricht wolle sie unbedingt auch noch einmal, fällt Marliese ein. Das habe die Freundin aus Worpswede so empfohlen.

Was hat diese Freundschaften so haltbar gemacht, möchte ich wissen. Marliese meint, das läge an der Regelmäßigkeit der Treffen.

„Aber das ist dann auch genug, drei Tage", sagt sie. „Vier verschieden angelegte Frauen, dann wird es kritisch." Sie seien auch alle keine einfachen Persönlichkeiten. „Aber das erfüllt einen dann auch", sagt Marliese.

Darüber hinaus sei sie in den Freundeskreis ihres Mannes und seiner ersten Frau hineingekommen. So gab es immer genug verlässliche Beziehungen. Ich frage, ob nach dem Tod ihres Mannes noch eine Partnerschaft für Marliese infrage gekommen ist. Tatsächlich hat sie sich noch einmal mit einem Mann befreundet, mit dem sie aber nicht mehr zusammengelebt hat. Als er umziehen musste, entschied er sich, direkt in ein Seniorenheim zu gehen, wo Marliese ihn öfter besucht hat. Ihr habe das Zusammensein gut getan und auch, noch einmal ein wenig Verehrung zu spüren. Sechs gemeinsame Jahre hatten sie noch, wenn man die langsame Annäherung am Anfang mitrechnet. Mit einer seiner Töchter hat sie bis heute Kontakt. Marliese ist eine Frau für langjährige Kontakte.

Worauf es ankommt

Worauf es Marliese ankommt, haben wir nun schon recht ausführlich besprochen. Trotzdem frage ich, was sie jüngeren Menschen empfiehlt.

„Das ist eigentlich nichts Neues, sagt sie. „Das sind keine Erfindungen von mir." Respekt in der Ehe sei wichtig und sich gegenseitig Freiraum zu lassen. „Ich bin eigentlich ein Mensch, der gerne frei ist, sich freiwillig bindet, sozusagen", erklärt sie. Es hätte ihr nicht gelegen, sich angekettet zu fühlen. Zugleich kann sie kaum verstehen, dass viele Paare heute so schnell wieder auseinandergehen. Ausdauer hält Marliese für die bessere Variante. Es habe sicher einen Einfluss, dass Frauen heute wirtschaftlich unabhängiger seien und eine Trennung in dieser Hinsicht einfacher ist. Zugleich weckten die Medien die falsche Erwartung, dass immer alles schön und jung sein müsse. Ein Vorteil ist heute laut Marliese, dass Paare selbstverständlicher über Probleme in der Beziehung sprechen.

„Sprechen, das ist ganz wichtig", sagt sie. In ihrer Generation hatte man „große Schwierigkeiten zu artikulieren, was man empfindet, was man möchte und was einem nicht gefällt." Ihre Tochter dagegen sei so sehr nach außen gewandt, dass sie auch gut Schauspielerin hätte werden können. Bei Marlieses 75. Geburtstag hat die Tochter eine Rede gehalten und gelobt, wie gut Marliese sich auf vielfältige Situationen einlassen kann. Das habe aber eben auch eine andere Seite, „dieses Everybody's Darling", sagt Marliese. Man solle sich auch trauen, einmal auf den Tisch zu hauen.

„Ja, das ist schon witzig, unser Leben", sagt Marliese. „Schade, dass es so schnell dahingeht." Sie erinnert sich an den Spruch einer Tante, die auch so gerne gelebt hat: „Ich setz' mir einen Hut auf, damit der liebe Gott mich nicht sieht und mich nicht abruft." Die Tante ist 94 geworden.

„Ja, also Fazit", sagt Marliese. „Ich bin doch froh, dass mein Leben sich nochmal so geändert hat." So habe sie die Zeit der

Berufstätigkeit mit ihren Herausforderungen erleben können und dann die Familienzeit. Beides sei gut gewesen.

Zusammen sehen wir durch die dreifach verglasten Fenster auf ein Reiterdenkmal. Marliese möchte mich darauf hinweisen, dass der Reiter keinen nackten Oberkörper hat, sondern ein enges Lederwams trägt. Sie schmunzelt. Sobald sie ihre anfängliche Zurückhaltung überwunden hat, zeigt Marliese ihre Vielseitigkeit und ihren Humor. Sie schwärmt davon, dass sie im Sommer dank der hohen Bäume auf beiden Seiten des Hauses ins Grüne blickt und gegenüber auf eine wunderschön gepflegte Häuserzeile. Wir sehen die Fotos der Familienmitglieder auf ihrem Sekretär an und den großzügigen Balkon. Er ist hoch, man hat Schatten und Marliese ist rundum zufrieden damit.

Welche Anregungen nehme ich aus diesem Gespräch mit?

- Die Augen offen halten und die Chancen ergreifen, die einem entgegenkommen.
- Anpassungsbereit sein, um in vielfältigen Situationen zufrieden zu sein.
- Trotzdem ab und zu auf den Tisch hauen.
- Vertrauen, dass es auch nach einem beruflichen Absturz immer weitergeht.
- Freundschaften pflegen, auf die man in schwierigen Phasen zählen kann.
- Den eigenen Beitrag so leisten, wie es zu einem passt.
- Dem Partner seinen Freiraum lassen, Ausdauer zeigen und Probleme ansprechen.
- Sich vielseitig interessieren, Kunst und Musik genießen.
- Treppen und Fahrräder nutzen, solange es geht.
- Sich altersgemäße Aufgaben suchen und akzeptieren, wenn weniger geht als früher.

MARIE D.: NICHT JAMMERN, MACHEN!

"Blumen sind das Lächeln der Erde." (Ralph Waldo Emerson)

Meine letzte Gesprächspartnerin besuche ich an einem heißen Sommer-Sonntag im Juni 2016. Marie D. lebt mittlerweile alleine in ihrem Einfamilienhaus in Bruchhausen-Vilsen. An der Straße gibt es reichliche Parkplätze. Auf dem Weg zur Haustür bewundere ich den gepflegten Vorgarten, der trotz sorgfältig geschnittener Buchsbaumsträucher nicht streng erscheint. Marie D. öffnet mir die Tür und wirkt genauso gepflegt wie ihr Garten. Durch ihren großzügigen, hellen Flur bringt sie mich ins Wohnzimmer. Bei der Wärme bin ich dankbar, dass sie mir gleich etwas Kaltes zu trinken anbietet.

„Also, Wohlsein", sagt sie. „Schön, dass Sie da sind."

Wir haben uns noch nie gesehen und wissen nichts voneinander. Nur ihre Schwiegertochter kenne ich ein wenig. Wieder bin ich dankbar, dass es Menschen gibt, die sich auf ein solches Projekt einlassen. Während ich den Hintergrund meiner Idee erzähle, hört Marie aufmerksam zu, steigt häufig auf das Gesagte ein und führt manchmal sogar meine Sätze zu Ende.

Sie sei jetzt 85 Jahre alt, erklärt sie, hoffe aber, dass sie noch alles soweit zusammenkriege. Abends im Bett kämen ihr oft die Erinnerungen an früher. Auch wenn sie Fotos ansehe.

Harte Lehrjahre mit Kühen und Kartoffeln

Marie wurde im Februar 1931 in Bruchhausen-Vilsen geboren und ist dort als Einzelkind aufgewachsen. 1939 zog ihr Vater in den Krieg, und sie blieb mit ihrer Mutter alleine zurück. Er kam noch ein paarmal auf Urlaub, aber spielte in ihrer Kindheit und Jugend keine Rolle mehr. Als die Entscheidung über Maries schulische Laufbahn anstand, wollte ihr Lehrer sie zur Mittelschule schicken.

„Das geht nicht", erklärte Maries Mutter. Sie habe kein Geld, sie könne es nicht aufbringen. Auch ein Besuch des Lehrers bei ihnen zu Hause änderte nichts daran. „Ich würde das gerne machen, aber ich habe nichts", sagte die Mutter ihm.

So kam es, dass Marie 1944 nach der Volksschule ihr Pflichtjahr antreten musste. Maries Mutter sorgte dafür, dass sie auf einen großen Bauernhof im nahe gelegenen Asendorf ging. Marie war klein und zart und ihre Mutter hoffte, dort würde sie ordentlich zu essen bekommen.

„Da war ein riesengroßer Bauernhof, ein Lehrhof", erzählt Marie. „Also ein ganz moderner Hof zu der Zeit." Das änderte freilich nichts daran, dass es die meisten Maschinen, die heute in der Landwirtschaft Standard sind, noch nicht gab. Gemolken wurde noch mit der Hand.

„Schwere, schwere Arbeit", sagt Marie. Der Bauer wurde nicht zum Kriegsdienst eingezogen, weil er seinen Betrieb am Laufen halten musste und die Milch der übrigen Bauern mit transportierte. „Er fuhr mit seinem Fuhrwerk und zwei Pferden immer die Bauernhöfe an, holte die Milch ab, brachte sie zur Molkerei, holte sie dann auch wieder", erzählt Marie. Viele Leute waren sie nicht auf dem großen Hof. Es gab den Bauern, der aus Maries Sicht nicht viel tat, sondern sich wie der König aufführte und sich bedienen ließ. Außerdem waren dort die Bäuerin und ein alter Knecht, ab und zu auch die Tochter, die ansonsten selbst auf einem anderen Hof lernte. Mehr nicht. Alle anderen Knechte waren eingezogen worden. Die Kartoffelernte sei schlimm gewesen. Der Bauer pflügte mit seinen Pferden die Kartoffeln hoch und die anderen mussten auf den Knien hinterher und sie in Körbe sammeln. Sobald die Körbe voll waren, mussten sie sie hochheben und auf den Wagen schütten. Marie D. reicht mir ungefähr bis zu Schulter und ich ahne, wie hoch das für sie war.

„Das ging von morgens bis abends", sagt Marie. „Und zum Schluss konnte man, ich jedenfalls, nicht mehr." Rund um die Knie sei alles kaputt gewesen. Das sei aber immer noch besser gewesen, als die ganze Zeit krumm zu stehen.

„Wie viele Stunden von morgens bis abends waren das?", frage ich nach.

„So um vier standen wir morgens auf", erzählt Marie. Zuerst musste sie die Kühe melken, die anfangs noch im Stall standen. Die Bäuerin erklärte es ihr kurz und dann musste Marie alleine zurechtkommen. Wenn der Strahl bei den ersten beiden Zitzen nachließ, war es Zeit zu wechseln.

„Angst durfte man nicht haben. Hatte ich eigentlich auch nicht, sonst wäre das gar nicht gegangen", sagt Marie.

Im Sommer fuhr sie erst einmal drei Kilometer mit dem Fahrrad und Anhänger zur Weide, hinten drin die vier 20-Liter-Kannen. Dort brauchte sie ungefähr eine Stunde für die sechs bis sieben Kühe. Manchmal liefen sie weg oder die Fliegen kamen und störten. Doch wenn alles gut ging, war ein Zehn-Liter-Eimer schnell voll. Es waren ausgesuchte, gute Milchkühe. Einmal schlief Marie auf der Hinfahrt auf ihrem Fahrrad ein und landete kurz vor dem Löschteich der Feuerwehr im Graben. Die Metallkannen waren ihr in die Hacken geflogen, es tat fürchterlich weh und blutete stark.

„Aber es nützte ja nichts", sagt Marie. „Umkehren konnte ich nicht. Dann hatte ich ja keine Milch. Die Kühe mussten gemolken werden." Sie zog das Fahrrad aus dem Graben, lud die Kannen wieder auf und fuhr weiter. Gegenüber der Wiese lebte eine aus Maries damaliger Perspektive ältere Frau mit ihren drei Söhnen. Die sah Marie, holte Verbandsmaterial und versorgte die Wunden notdürftig. Eine der Kühe, die immer etwas wilder war, stieß dann auch noch den Melkeimer um. Das musste sie berichten, weil die Milch fehlte. Immerhin habe die Bäuerin nicht geschimpft, sondern sie nur etwas gerügt und zu mehr Vorsicht gemahnt. Meistens ist alles gut gegangen.

„Und dann bin ich so nach einer Stunde mit einer vollen Karre hinterm Fahrrad wieder die drei Kilometer zurück", erzählt Marie. Dabei habe sie oft auf die Uhr gesehen und sich angetrieben. Schließlich musste der Bauer pünktlich los und die Milch mitnehmen. Während er zur Molkerei kutschierte, konnten die anderen frühstücken. Die Bäuerin aß mit dem Knecht und Marie Schwarzbrot mit Margarine oder Schmalz. Dazu gab es als ‚Kaffee' ein Getränk, für das sie selbst Hafer oder Gerste geröstet hatten. Es wurde in einer großen Metallkanne aufgebrüht und stand den ganzen Tag auf dem Herd. Semmel, Butter und Bohnenkaffee waren für den Bauern reserviert. Marie erinnert sich an jedes Detail aus dieser Zeit.

Gegen acht ging es aufs Feld. Dort mussten sie zum Beispiel Zuckerrüben vereinzeln, damit sie kräftig wuchsen. Der Bauer ging mit den Pferden vorweg und hob die Rüben an, Marie hackte die überzähligen Rüben ab.

„Immer laufen, immer gehen und immer hacken", sagt sie.

Wenn sie abends zwischen Sieben und halb acht vom Feld kamen, gab es stets das gleiche Essen: Seit dem Nachmittag hatten die Bratkartoffeln, die in etwas ausgelassenem Speck gebraten waren, auf dem Herd gestanden. „Und dann kam immer so ein Schuss von dem ‚Kaffee' dazu, damit das nicht anbrannte", sagt Marie. „Und dann gab's jeden Abend Bratkartoffeln vorweg und dann Käse und Milch." Sie stellten selbst trockenen, gekörnten Käse her, von dem sie sich auch morgens je zwei Löffel nahm und dann mit Milch übergoss.

„Und seitdem mag ich keinen Käse", sagt Marie.

Bis heute? Ja, bis heute meidet sie Käse und Quark. Jeden Samstag gab es mittags ‚Bottermelk angeballert'. Das Gericht hatte ich fast vergessen, und ich erzähle begeistert, wie wir uns gefreut haben, wenn wir das bei unserer alten Nachbarin mitessen durften, weil ihr Enkel zu Besuch war.

„Ja?", sagt Marie nur und sieht mich etwas entgeistert an. Sie ist wohl zu höflich, um mich für verrückt zu erklären.

„Das hab' ich nicht runtergekriegt", sagt Marie.

„Mariechen, iss das. Es gibt nichts anderes", habe die Bäuerin dann gesagt. Das wusste sie ja, aber dieses Essen – das ging einfach nicht. Trotzdem fällt ihr jetzt eine lustige Anekdote zum Käse ein. Als die englischen Soldaten schon da waren, hatten die eine wunderbare Musikkapelle. Die Mädchen des Ortes waren dort herzlich willkommen und alle 14 Tage etwa gingen sie dort hin.

„Die Jungs kamen gar nicht rein, Deutsche", sagt Marie. „Aber Engländer waren ja da." Dem Tanzen stand nichts im Wege und es wurde ab und zu spät. Marie war mittlerweile über ein Jahr beim Bauern und ging auch einmal Risiken ein. Der Hunger trieb sie nachts in die Speisekammer. Dort fand sie, natürlich, Käse und Milch. Sie nahm sich beides und wunderte sich ein wenig über die Konsistenz. War die Milch etwa schon schlecht?

„Ach, ich hab's aber dann gegessen und so gut hat mir noch nie Käse mit Milch geschmeckt", schwärmt sie.

Am nächsten Morgen fragte die Bäuerin auf Plattdeutsch, wer ihr die ganze Sahne weggenommen habe. Marie lacht bei der Erinnerung. Sie hat sich damals die Antwort verkniffen, ist sich aber sicher, dass die Bäuerin genau wusste, wer es gewesen war.

Mit Sahne hatte sie nicht gerechnet. Sie betont noch mehrmals, wie unheimlich gut ihr das geschmeckt habe.

Das Pflichtjahr war längst um. Doch weder die Bäuerin noch die Mutter sagten, dass Marie nun zurück nach Hause könne. Sie wäre so gerne Kindergärtnerin geworden.

Ich frage, was ihr geholfen hat, die anstrengende Zeit durchzuhalten.

Alle 14 Tage hätte sie freigehabt, erklärt Marie. An diesen Wochenenden konnte sie schon samstags mit dem Fahrrad nach Hause fahren. Darauf habe sie sich immer gefreut.

„Das war das", sagt sie. „Darum habe ich das auch durchgehalten." Wenn sie zurückmusste, hat ihre Mutter sie damit getröstet, dass sie ja in 14 Tagen wiederkommen könnte. Marie wollte nicht wieder losfahren, doch sie musste das zu Ende bringen. Um es der Tochter etwas zu erleichtern, half die Mutter nachmittags nach der eigenen Arbeit selbst noch beim Kartoffelroden und nahm der Tochter die vollen Körbe ab, um sie oben in den Wagen zu kippen.

„Und somit bin ich drei Jahre da geblieben beim Bauern", sagt Marie. Sie besuchte von dort aus die Berufsschule und legte nach drei Jahren auf dem Nachbarhof die Gesellenprüfung ab. Es kamen Prüfer aus Syke und Marie musste Bögen ausfüllen und einen Bericht schreiben.

„Na, das hab' ich dann auch gemacht und denn hatte ich da eine Zwei", sagt Marie. Später im Gespräch sagt sie, sie habe keinen Beruf gelernt, so fern lag ihr diese Tätigkeit.

Wie entsorgt man Hitler-Bilder?

1948 war Marie wieder zu Hause und die Mutter suchte eine Stelle für sie. Sie hatte verstanden, dass es beim Bauern nicht weitergehen konnte. Weil die Bauerstochter zurück auf dem elterlichen Hof war, ließ die Bäuerin Marie entspannt ziehen. Im Kindergarten war gerade nichts frei und Marie landete stattdessen in der Weberei. In einem großen Saal standen etwa 40 Webstühle, auf denen sie vor allem Gardinen webten, alle einheitlich.

„Die gingen weg wie warme Semmeln", sagt Marie. Sie bediente einen zwei Meter breiten Webstuhl und musste zugleich auf einen schmaleren Webstuhl achten, auf dem Handtücher gewebt wurden. Sobald eine Maschine stillstand, musste sie den

Fehler beheben. Meist war der einlaufende Faden gerissen und sie knotete ihn wieder an.

„Ach, das war auch interessant", sagt sie. Sie habe immer wieder die Spule durchgeworfen und den Balken herangezogen. „Somit habe ich das auch gelernt."

Zwei Jahre blieb sie dort.

„Und das war interessant?", frage ich.

„Das war interessant in der Weberei, ja", bestätigt Marie. „Interessanter als auf dem Bauernhof. Und vor allen Dingen: Ich brauchte nicht morgens so früh aufzustehen."

Sie kommt noch einmal darauf zurück, wie anstrengend die Zeit beim Bauern war. Es gab nur Holzschuhe und ihre Stricksocken hatten dauernd Löcher. Nach den abendlichen Bratkartoffeln sollte sie sie stopfen und dabei schlief sie ein. Die Bäuerin rüttelte sie wieder wach. Marie ist sich sicher, dass spätere gesundheitliche Probleme viel mit den zu schweren Milchkannen und der harten Arbeit zu tun hatten. Sie sei einfach zu klein dafür gewesen.

„Ja, und dann war ich froh, dass ich wieder zu Hause war", sagt Marie. Das Weben habe sie als Erholung empfunden. „So bin ich hier hängengeblieben und habe nun keinen Beruf in dem Sinne gelernt", erklärt sie. Das beim Bauern habe nicht gezählt. Das musste sie eben machen. Darauf zu bestehen, Kindergärtnerin zu werden, das habe sie noch nicht gekonnt. „So weit bin ich noch nicht gewesen, damals."

1949 kam Maries Vater aus der Kriegsgefangenschaft zurück. In den zehn Jahren, in denen er weg war, hatten sich die Eltern auseinandergelebt. Es funktionierte nicht mehr und im nächsten Jahr ließen sie sich scheiden.

Durch die Intensität der Bauernhof-Geschichte sind wir über den Krieg als solchen hinweggegangen. Nun möchte ich wissen, wie Marie dort in der ländlichen Umgebung den Krieg erlebt hat. Während der ersten Bombenangriffe ging Marie noch zur Schule. Die Alliierten flogen über den Ort Richtung Bremen.

„Und hier ‚verloren' sie dann auch mal Bomben", sagt sie.

Ihr Haus stand genau neben der Kirche und Maries Mutter erkannte das schnell als besondere Gefahr. Um einen Kirchturm herum war mit einem Ort zu rechnen – ein passendes Ziel zum ‚Verlieren' von Bomben. Mutter und Tochter richteten sich 1943 zwei Liegen im Vorratskeller ein, der sich auf der Ebene der Eingangstür befand. Das Haus war ein Stück in eine Anhöhe gebaut. Bei Fliegeralarm übernachteten sie dort, und nicht nur sich selbst brachten sie dort in Sicherheit. Von den großen Steinplatten hoben sie sechs an und gruben eine Kuhle. Darin versteckten sie, was die Alliierten besser nicht finden sollten.

„Da lag dann unser Silber und was wir sonst an Schmuck hatten oder auch Bilder von Hitler und alles solche Sachen", sagt Marie und lacht. „Ja, das wurde alles da eingegraben." Viel hätten sie nicht gehabt, aber das hätten sie gesichert.

Eines Nachts knallte wirklich eine Bombe oder Granate am Kirchturm auseinander.

„Und ein Stück davon ist durch unsere Haustür geflogen und dann so eigenartig um die Ecke ins Wohnzimmer rein", erzählt Marie. In der Tür war ein großes Loch. „Na ja, ab da ist man dann immer vorsichtig gewesen." Es hätte unheimlich Angst gemacht. Das Schlimmste war für sie, als die Engländer schon an der Tankstelle an der B6 waren und in den Ort schossen. Ihre Mutter lief noch einmal schnell zum Bauern hinter der Kirche, um etwas Milch zu holen.

„Da habe ich gedacht, die kommt nicht wieder", erinnert sich Marie. Tatsächlich dauerte es eine Weile, bevor ihre Mutter zurückkehrte und ihre Tochter weinend fand. Sie komme doch immer wieder, versuchte sie Marie zu trösten. Die Vorstellung, von der Mutter getrennt alleine übrigzubleiben, war unerträglich und die Situation spitzte sich zu. Die Frauen des Ortes erwarteten entschlossenes Handeln vom Ortsgruppenleiter. Der war nicht eingezogen, sondern sollte für Ruhe im Ort sorgen. Das sollte er nun auch tun, dachten seine Nachbarinnen. Sie drängten ihn, mit einer weißen Fahne zur B6 zu gehen, damit die Engländer endlich einmarschierten statt zu schießen.

„Das war so ein Angsthase", sagt Marie. Statt selber zu gehen, wählte er einen vierzehnjährigen Hitlerjungen aus. „Dem hat er denn eine Fahne in die Hand gegeben, eine weiße, und der musste da oben zur B6 und den Engländern entgegengehen." Sie marschierten ein und die Besatzungszeit begann.

„Aber die waren alle in Ordnung", betont Marie. „Ja, sie gingen von Haus zu Haus und guckten, ob sie irgendwas gebrauchen konnten, guckten nach Bildern, ob irgendwo Hitler hing." Marie lacht. „Aber der lag ja im Keller bei uns." Die Engländer sahen, dass nur die Mutter und ihre Tochter im Haus waren, zogen ab und kamen nie wieder. Das Silber konnten die beiden bald wieder ausbuddeln. Natürlich bin ich neugierig, was sie mit den Hitler-Bildern gemacht haben. Marie schlug vor, sie im Ofen zu verbrennen und so löste sich das Problem in Asche auf. Es war ohnehin nur ein größeres Bild dabei gewesen.

„Auch rein in den Ofen", sagt Marie. „Hat mir auch nie leidgetan." Die Informationen seien sehr einseitig gewesen. In der Schulzeit habe sie niemand aufgeklärt, dass der Krieg im Prinzip schon verloren war.

„Na gut, das durften die Lehrer nicht sagen", räumt Marie ein.

Schnaps, Kartoffelpuffer und Heiratsmarkt

In der ersten Zeit nach dem Krieg befand sich Marie noch in ihrer landwirtschaftlichen Lehrzeit. Sie hatten eine große Obstwiese, auf der Birnen, Äpfel und Zwetschgen wuchsen. Doch als Marie vorschlug, sie könne das Fallobst einsammeln, hieß es, es solle ruhig noch etwas liegen bleiben. Nach etwas mehr Zeit ließ sich besser Schnaps daraus brennen. Das war zwar verboten, ergab aber ein gutes Tauschmittel. Die Amerikaner brachten aus Bremen Tischwäsche und Bettwäsche, die sie gegen Schnaps und Schinkenspeck tauschten. Noch besser als die Obstbrände wurde der Schnaps aus Zuckerrüben. Als das Obst alle war, schickte der Bauer seine Tochter mit Marie auf ein fremdes Feld.

„Und da mussten wir beide hin und Zuckerrüben klauen", sagt Marie.

„Sind Sie auch einmal erwischt worden?", frage ich.

„Nein, das sind wir nicht." Marie lacht. „Das haben wir dann so geschickt gemacht." Alleine hätte sie sich das vielleicht nicht getraut, aber mit der etwas älteren Tochter des Hofes konnte aus ihrer Sicht nicht viel schiefgehen.

Auf dem Weg zu ihrem Arzt fährt Marie noch heute an diesem Feld vorbei und erinnert sich an die Geschichte. Immer wieder kommen wir in unserem Gespräch auf die harte und erlebnisreiche Zeit beim Bauern zurück.

„Was war das Beste in Ihrer Kindheit?", frage ich schließlich.

„Das Beste, das will ich Ihnen sagen, da lacht man drüber", sagt Marie. Ihre Mutter ging oft arbeiten, half beim Bauern, ging putzen oder Wäsche waschen. So musste Marie nach der Schule häufig zu ihrer Großmutter, deren mütterliche Art sie genoss. Ihre Mutter sei herrischer gewesen. Das Beste aber war, wenn die Mutter zu Hause war und Maries Lieblingsspeise kochte: Puffer.

„Das war mein Leibgericht", schwärmt Marie. „Und wenn ich dann hereinkam und hab' auf dem Flur gerochen, heute gibt's Puffer, das war für mich das Schönste, was es gab. Da hab ich dann aber auch so acht Puffer hintereinander weggegessen." Das habe ihre Mutter für sie gemacht. „Das war für mich immer ein Highlight, wenn ich so nach Hause kam und habe das gerochen." Marie trinkt versonnen einen Schluck von ihrer Limonade. „Und das esse ich heute noch gern", sagt sie.

Kartoffelpuffer sind also das Rezept für wahres Glück. Oder allgemeiner: Wenn jemand einem eine Freude mit etwas macht, was man besonders genießen kann.

Noch mehr wahres Glück fand Marie D. beim örtlichen Volksfest, das eine lange Tradition hat. Einmal jährlich findet seit Jahrhunderten im Herbst der ‚Brokser Heiratsmarkt' statt, auf den sich Marie ab Anfang August freute. 1949 fuhr sie mit ihrem Fahrrad vom Bauern los und stellte es bei der Mutter zu Hause unter, denn ihr war schon eins geklaut worden.

„Und da habe ich meinen Mann auf dem Heiratsmarkt kennengelernt", sagt Marie. „Den habe ich gesehen – der stand da vorne und es war so ein ruhiger Typ." Sie zeigt auf ein Bild, das in ihrem Regal steht. „Und dann tanzte er einmal mit mir. Und so ist das zusammengeblieben. Wir sind nie mehr auseinandergegangen." Anschließend holten sie ihr Fahrrad, um damit zusammen nach Asendorf zu fahren. Bis zur Molkerei kamen sie, bevor das Rad platt war. Den Rest gingen sie zu Fuß.

„Um fünf Uhr morgens war ich dann beim Bauern", sagt Marie. Sie musste direkt los zum Melken.

Ihr Mann war Maries erste und einzige Liebe. Was hat ihr so sehr an ihm gefallen, dass sie sich nach dem ersten Blick nie wieder von ihm getrennt hat?

„Eigentlich alles", sagt sie. Er war still und wenn sie eingeladen waren, musste sie das Reden übernehmen. „Aber er sah gut aus und gepflegt, was ich eben sehr liebe." Mehr aus sich herausgekommen sei er erst, als sie ganz fest miteinander verlobt waren.

„Aber das hat Ihnen gefallen, dass er nicht so laut war?", frage ich nach.

„Ja", sagt Marie. „Und er war eben sehr nett und immer höflich." Wenn sie einen Wunsch hatte, den er erfüllen konnte, tat er das. Er war Schuster und hatte in der Schusterei einen Freund, mit dem er Schnaps zum Tauschen brannte. Auf diesem Wege besorgte er Leder, um etwas Besonderes für Marie machen zu können.

„Dann hat er mir ein paar Stiefel geschustert – so lange, die es damals ja sowieso nicht zu kaufen gab, handgemacht", erinnert sich Marie. „Da hatte ich ein paar braune Stiefel. Oh, da war ich ganz stolz drauf! Ja, er war ein guter Handwerker und er hat das ganz toll gemacht." Marie überlegte, wie sie sich revanchieren könnte. Die Gelegenheit kam, als eine Tanzveranstaltung in der Nähe stattfand. Marie fragte, ob sie hingehen würden, aber er wollte nicht. Er sorgte sich, dass er nichts Passendes anzuziehen hatte.

„Ja, das stimmte auch", sagt Marie. „Und da denk ich: ‚Jetzt guck ich mal, ob ich etwas machen kann.'" Ihrer Mutter gelang es, Stoff zu organisieren und in Syke fand Marie einen Schneider, der daraus einen Anzug fertigen konnte. Nur Futterstoff brauchte er dafür noch.

„Aber ich habe das zusammengekriegt", sagt Marie.

„Durch Tauschgeschäfte?", frage ich.

„Ja, durch Tauschen", bestätigt Marie. „Geld wollte keiner haben. Tauschen. Butter, Speck, das war so." Maries Mutter bekam beim Bauern immer einmal wieder ein Stückchen Speck, wenn sie dort arbeitete.

So bemühten sich Marie und ihr Freund darum, einander eine Freude machen zu können. 1951 verlobten sich die beiden, 1952 heirateten sie und 1953 wurde der erste Sohn geboren. Sein jüngerer Bruder kam 1955 zur Welt.

Kraft in schwierigen Zeiten

Wir wechseln in die Gegenwart. Im letzten Jahr hatte Maries jüngerer Sohn Zungenkrebs und bekam eine Strahlentherapie. Auch für Marie war das ein schlimmes Jahr. Ihre letzten Gedanken vor dem Einschlafen kreisten ebenso um das Thema wie die ersten Gedanken nach dem Aufwachen.

„Ich habe immer gedacht: ‚Ich bin so alt, ich lebe noch. Er ist so jung ...'", sagt Marie.

„Was hat Ihnen in der Zeit Kraft gegeben?", frage ich.

Marie überlegt. „Ja, was eigentlich?", fragt sie. „Meine Arbeit. Ich wurde immer abgelenkt. Ich habe einen riesengroßen Garten." Dann sei da ja auch noch das ganze Haus. Einmal in der Woche machte sie zu der Zeit noch die Wäsche für die Schwiegertochter. Das Bügeln übernimmt sie bis heute. An diesen Tagen kocht sie auch für ihre zwei Enkelkinder, die sich freuen, wenn sie kommt. Wir könnten hier von der Ausgangsfrage wegkommen, aber Marie verliert nie den Faden.

„Und damit war ich eigentlich vollständig ausgelastet", sagt sie. „Und kam am Tag überhaupt nicht zum Nachdenken, weil ich ja immer beschäftigt war. Das ist eigentlich das gewesen. Eigentlich muss ich sagen: Arbeit. Wenn ich hier den ganzen Tag hätte sitzen müssen, so alleine, das wäre schlimm gewesen."

Ihr Mann starb 1993 an Krebs, einen Monat vor Rentenbeginn.

„Wenn ich jetzt Rentner bin, dann wollen wir uns aber auch mal was gönnen und mal verreisen", hatte er gesagt und Marie hatte zugestimmt. Doch dazu kam es nicht mehr.

Marie D. lädt mich ein, zum Kaffeetrinken mit ihr auf die Terrasse zu gehen. Dort ist schon alles vorbereitet. Ich bewundere die große Hortensie neben der Terrasse. Die stehe dort auch schon von Anfang an, sagt Marie. 1962 plante und baute sie mit ihrem Mann dieses Haus. Das Grundstück ist gut 1.000 Quadratmeter groß. Vorher hatten sie in einer Mietwohnung gelebt. Maries Kinderzimmer bei ihrer Mutter wäre zu klein gewesen. Der ältere Sohn sei dort noch geboren worden, aber dann mussten sie in eine eigene Wohnung ziehen. Ihr Mann war anfangs arbeitslos, für Schuster gab es in Bruchhausen-Vilsen damals keine Stellen. Später ging er zur Post und wurde noch Beamter. Zunächst waren sie froh, als Marie Arbeit fand.

„Hier wurde unsere Schule neu gebaut und da brauchten die einen Hausmeister", sagt Marie. „Und da habe ich mich beworben." Eigentlich hätten die wohl lieber einen Mann eingestellt und es gab mehrere Bewerber. Doch Marie hatte viele Fürsprecher, die sagten: „Die könnt ihr ruhig nehmen. Was die macht, ist in Ordnung." Ihr Zahnarzt war einer dieser Fürsprecher. „Und dann kriegte ich tatsächlich die Stelle als Hausmeister. Und da war ich sieben Jahre Hausmeister."

Unendlich viel Arbeit habe es dort gegeben, erinnert sich Marie. So viele Fenster waren zu putzen, Gardinen und Handtücher zu waschen, Toiletten zu reinigen.

„Und jeden Tag das Gleiche", sagt Marie. „Dann ging man raus, abends, wenn ich fertig war. Dann war alles schön. Am nächsten Morgen ..." Hier unterbricht uns das Telefon, aber ich kann mir auch denken, wie sie nach einem Schultag wieder von vorne anfing. Am Telefon spricht Marie mit der ersten Frau ihres älteren Sohnes. Mit der habe sie noch regen Kontakt, erzählt sie mir anschließend. Ich bin überrascht und frage, ob auch der Kontakt zu Maries Sohn und dessen jetziger Frau so unkompliziert sei.

„Ja, da bin ich aber auch froh", sagt Marie. Viele hätten kein Verständnis dafür, aber Marie freut sich, dass es unkompliziert ist und sie bis heute ‚Mutter' zu ihr sagt.

Als ich nach den Geburten der Kinder frage, kehren wir in die Vergangenheit zurück. Marie bekam beide Kinder zu Hause. Bei der zweiten Geburt verschwand die Hebamme gleich mit dem Kind und sagte, Doktor Schrader müsse kommen. Marie bekam nicht gleich eine Antwort, warum das sein musste. Doch als sie sich etwas erholt hatte, bestand sie darauf zu hören, was mit ihrem Kind sei. Es stellte sich heraus, dass ihrem jüngeren Sohn die Finger der linken Hand fehlten. Die Ärzte glaubten zunächst, die seien irgendwie in der Hand geblieben. Es gab regelmäßige Untersuchungen und sie wurden zur Uni-Klinik nach Hannover geschickt. Konnte man die Hand vielleicht oben aufschneiden, damit die Finger herauskommen? Die Ärzte in Hannover verneinten das. Ihr Sohn steckte die linke Hand gewohnheitsmäßig in die Tasche und die meisten bemerkten gar nicht, dass er dort keine Finger hatte. Nur als er Lehrer werden wollte, machte sich Marie etwas Sorgen über mögliche Gemeinheiten der Kinder. Doch es ging alles gut.

„Er ist mit Leib und Seele Lehrer", sagt Marie. „Schon 26 oder 27 Jahre auf dem Gymnasium." Dann kam ihm die Krankheit dazwischen.

Das Leben läuft nicht dauerhaft rund. Das ist Marie deutlich geworden.

„Wenn es ein paar Jahre gut war, kam wieder ein Dämpfer", sagt sie.

Ich frage, was sie trotzdem so zufrieden macht, wie sie wirkt.

„Meine ganze Art ist so, weil ich immer von allem nur das Schöne sehe", sagt Marie. Sie habe sich auch immer gefreut, wieder nach Hause zu kommen, wenn sie unterwegs waren. Sie und ihr Mann wollten dort beide nie wieder weg.

„Nur, wenn wir rausgetragen werden", habe ihr Mann gesagt.

„Und so war es dann ja auch", stellt Marie fest. „Und das ist mein Halt hier. Darum, wenn ich so arbeiten kann im Garten, dann bin ich rundum zufrieden." Auch in der Ehe habe es durchgehend gepasst.

„Sind Sie alleine geblieben?", frage ich, weil seit 1993 schon viel Zeit vergangen ist.

„Ja", sagt Marie. „Ich hatte auch nie das Gefühl, ich muss noch einen Mann haben." Sie meint, sie hätte dann zu viel verglichen. „Und ich weiß: So einen hätte ich nie wieder gekriegt. Und dann wäre die Ehe auch nicht gut gegangen."

Marie braucht nicht immer jemanden um sich, sondern ist auch ganz gerne alleine. Als ihr Mann noch lebte, war er häufig abends weg. 30 Jahre lang war er Mitglied im Gemeinderat und darüber hinaus war er von Anfang an eng mit dem örtlichen Fußballverein verbunden. Wenige Wochen vor seinem Tod pfiff er noch als Schiedsrichter bei einem Spiel. Sie machte sich Sorgen, dass er bei dem Wetter einen Hitzschlag bekommen könnte. Dass er im fortgeschrittenen Stadium Krebs hatte, wussten sie da noch nicht.

Schon seit Weihnachten hatte ihr Mann vermehrt gehustet und war ungewöhnlich müde. Doch zum Arzt konnte er sich nicht aufraffen. Marie bohrte nicht allzu sehr nach, weil sie selbst ungerne zum Arzt ging. Als es gar nicht besser wurde, drängte sie schließlich energischer und sagte, sie würde auch mitgehen. Sie fuhren zum Hals-Nasen-Ohren-Arzt nach Verden.

„Und da ist er gar nicht mehr nach Hause gekommen", erzählt Marie. „Da musste ich von Verden aus gleich hierher, Sachen holen und er kam nach Rotenburg ins Krankenhaus." Am nächsten Tag erfuhr sie dort vom Arzt, dass ihr Mann Speiseröhren- und Lungenkrebs habe und es nicht mehr zu heilen sei. Marie wollte wissen, was jetzt zu tun sei, doch der Arzt zuckte mit den Schultern. Sie fragte, ob man denn gar nichts machen könne und er bestätigte das. Zu Hause konnten sie noch ein paarmal gemeinsam spazieren gehen. Ernähren musste sie ihn alle vier Stunden über den Bauch, essen und trinken konnte er nicht mehr. Marie kochte sich in der Zeit keinen Kaffee, weil er den so gerne getrunken hatte. Den verführerischen Kaffeeduft wollte sie ihm nicht antun. Ich höre ihr Bedauern, aber sie erzählt mir das ohne ein Wort des Klagens.

„Das ist sehr belastend", sage ich, „aber sie scheinen so eine Grundkraft mitzubringen."

„Ja, die habe ich unheimlich", sagt Marie. Zwar könne sie es weder vergessen noch abschütteln, aber durchhalten.

„Sehr diszipliniert", bemerke ich.

„Ja", antwortet Marie und schweigt kurz. Sie seien sich sehr ähnlich gewesen und in den gut vierzig Jahren Ehe immer ähnlicher geworden. Getrennt waren sie selten. Es kam vor, dass ihr Mann einmal eine Woche zum Trainingslager musste, aber dazu musste er sich schon überwinden. Marie war sogar die Friseurin für die ganze Familie, auch für sich selbst.

Worauf es ankommt

„Wie verbringen Sie heute Ihre Tage?", frage ich.

„Ich stricke viel", fällt Marie als Erstes ein. Zu Geburtstagen gebe es von ihr meist etwas selbst Gemachtes. „Und Floristin wäre ich auch gerne geworden. Ich mag so gerne Blumen und stecke mir die dann auch." Im Keller hat sie einen Raum, in dem sie ihre Gestecke fertigt und wo sie sich auch über Nacht aufhalten kann. Zu Weihnachten versorgt sie die ganze Nachbarschaft mit Gestecken. Es sei nun zu spät, um noch Floristin zu werden, aber sie mache das halt als Hobby. Wenn Marie unterwegs war und nach Hause kommt, räumt sie nicht zuerst ihre Sachen aus, sondern versorgt zuerst die Blumen.

„Ich spreche auch mit den Blumen und, ja, ich habe einen grünen Daumen. Es wächst alles."

Vor eineinhalb Jahren starb ihre Freundin, die das Haus direkt hinter Maries Garten bewohnte und jeden Tag bei ihr war. Sie war Lehrerin in der Schule gewesen, in der Marie Hausmeisterin war. Ihr Fahrrad hatte sie während der Unterrichtszeit meistens hinter Maries Küche geparkt und ließ sich mittags gerne vom Essensduft verführen.

„Und so hat sie ewig bei mir gegessen", sagt Marie.

Dabei ist es geblieben. Die Freundin kam immer zu Marie, die sich nur selten und nur wenig darüber ärgerte. Das sei eine wunderbare Einheit gewesen, meint sie. Ich bin überrascht, weil es für mich recht einseitig klingt. Marie fuhr ihre Freundin immer mit dem Auto, wenn sie irgendwo hin musste. Ihr fällt an dieser Stelle ein, dass sie auch sehr gerne näht. Auch das machte sie für die Freundin mit, wenn die etwas zu ändern hatte. Zum Schluss besuchte Marie die Freundin täglich im Pflegeheim und durfte dort kaum das Zimmer verlassen, weil die Freundin dann Angst bekam, sie würde nicht wiederkommen.

„Sie konnte nicht ohne mich, das war so", fasst Marie zusammen. „Sie hat nie irgendetwas gemacht, wenn sie nicht vorher mit mir gesprochen hatte."

„Haben Sie das als Belastung empfunden oder war das in Ordnung für Sie?", frage ich.

„In Ordnung", sagt Marie, ohne zu zögern. Wenn es ihr manchmal etwas viel wurde, habe sie es durch die Blume gesagt. Ansonsten forderte sie die Freundin sogar auf, jederzeit zu sagen, wenn sie sie fahren sollte. Und das tat sie. Offenbar war Marie gerne die Gebende. Ihren Führerschein machte sie 1962. Eine Nachbarin hatte die Initiative ergriffen und gefragt, ob sie ihn gemeinsam machen sollten. Da Maries Mann die Nachbarn auch gerne mochte, ließ er sich überzeugen. Später erkannte er, wie gut es war, dass seine Frau fahren konnte. Heute noch fährt sie bis Hamburg oder Stade.

Ich frage, was sie so fit hält und Marie schwört auf die Vitamine, die sie über ihre Schwiegertochter bezieht und seit zehn Jahren täglich nimmt. Dass sie noch so gut auf den Beinen sei, dass sei schon etwas, worauf sie auch ein wenig stolz sei. Doch mit dem Thema ‚Stolz' kann sie nicht sehr viel anfangen.

Also frage ich weiter: „Was hat Sie besonders gefreut in Ihrem Leben, außer den Kartoffelpuffern in der Kindheit?"

Sie lacht, strahlt bei der Erinnerung an die Kartoffelpuffer und überlegt, was es noch ähnlich Gutes gab. Ihr Vater fällt ihr ein. Der hatte später wieder geheiratet und in Bremen gebaut. Es habe sie gefreut, dass sie wieder Kontakt zu ihm hatte, bevor er starb. Auch er hatte zum Schluss Lungenkrebs. Aber er freute sich, wenn sie ihn besuchte und sie freute sich, wenn auf der Fahrt alles gut gegangen war. Sie fuhr heimlich zu ihm nach Bremen. Ihr Mann wollte das nicht.

„Er hatte wohl Angst, es passiert irgendetwas", sagt Marie. „Seinem Auto – ob er davor Angst hatte oder ob er um mich

Angst hatte, ich weiß es nicht", ergänzt sie amüsiert. „Bin ich auch nie dahintergekommen."

Ich stelle meine Abschlussfrage: „Was würden Sie denn jetzt jüngeren Leuten empfehlen? Worauf kommt es an im Leben?"

Es herrscht kurz Stille, bevor Marie entschieden sagt: „Also, erst einmal: Disziplin ist für mich das A und O. Sie dürfen sich nicht gehenlassen."

Das möchte ich genauer wissen: „Was heißt für Sie ‚sich gehenlassen'?"

„Dass Sie immer nur mäkeln oder stöhnen", sagt Marie. Wer viel stöhnt, lasse sich aus ihrer Sicht gehen. „Wenn einer immer nur jammert und ‚Ach, mir geht's so schlecht und ich kann das nicht oder das nicht. Machen! Sie müssen machen, Sie müssen sich zusammenreißen, das ist, wie ich meine, ‚Sie dürfen sich nicht gehenlassen.'" Da sei sie sich mit ihrem Mann einig gewesen. „Augen zu und durch und dann geht das auch", habe der immer gesagt. Jammern nütze ja nichts.

Als Marie einmal ihrer Freundin helfen wollte, den Gartenschlauch aus der Tanne zu holen, zog die von unten am Schlauch. Marie stürzte und brach sich die Schulter. Drei Tage lang wollte sie nicht einsehen, dass sie zum Arzt musste, denn sie konnte schließlich die Finger bewegen. Dann überzeugten die Nachbarn sie. Ihr Arzt schickte sie ins Nienburger Krankenhaus. Selbst dem Arzt dort glaubte sie nicht gleich, dass die Schulter gebrochen sein kann, wenn sie die Finger bewegen kann. Um eine Tafel Schokolade wettete er mit ihr und gewann. Es war ein Trümmerbruch. Knochenteilchen schwammen herum und mussten herausoperiert werden. Bei der vorletzten Kontrolle erklärte der Arzt, sie werde den Arm in ihrem Alter wahrscheinlich nie wieder richtig nach oben und nach hinten bekommen. Während Marie das erzählt, macht sie mir die entsprechenden Bewegungen vor. Bei der letzten Kontrolle brachte Marie dem Arzt seine Schokolade mit und bewies ihm das Gegenteil seiner Vorhersage. Er war fassungslos.

„Das ist eben mein Wille", erklärt Marie. „Ich will das und ich kann das. Und so war's auch."

Sie widerspricht, als ich vermute, dass sie intensiv geübt hat. Sie habe nichts provoziert, aber es einfach einmal am Tag probiert. Erst hat sie die Bewegung nach hinten bei Alltagshandlungen bewusst ausprobiert, dann die Bewegung nach oben. Dabei war sie überzeugt, dass es irgendwann wieder gehen würde und behielt Recht.

Mit einer anderen Vermutung liege ich richtig: Marie liest viel, vor allem Geschichten von früher, Chroniken, Sachbücher. Lesen, Stricken, Nähen, Gärtnern, Gestecke gestalten, das sind lauter Tätigkeiten einer Frau, die gut alleine sein kann. Daraus scheint sie Kraft zu schöpfen und darüber hinaus gerne einige intensive Kontakte zu pflegen.

Welche Anregungen nehme ich mit?

- Ohne Jammern tun, was zu tun ist, auch wenn es manchmal schwierig ist.
- Sich eine Beschäftigung suchen, die einen ausfüllt.
- Ruhig auch einmal mit Blumen sprechen.
- Geben ohne Angst vor Ausnutzung.
- Ärzte rechtzeitig aufsuchen, aber ihre Prognosen nicht überbewerten.

Bevor ich gehe, führt Marie mich durch ihren Garten und zeigt mir das Haus. Draußen sind überall geschwungene Beete, viele Hortensien, blühende Seerosen auf dem Teich, eine kanadische Lärche in der Rasenmitte. Die Hecken schneidet Marie selbst. Auch den Rasen mäht sie, findet es aber etwas anstrengend, dass der Auffangkorb so häufig geleert werden muss. In der Küche erfahre ich ganz nebenbei, dass sie noch 45 Jahre in einer Druckerei gearbeitet hat. Im Keller zeigt sie mir die Floristinnen-Werkstatt und das Schusterzimmer, in dem ihr Mann die Schuhe für die ganze Familie fertigte. Manchmal schlagen die Nachbarn ihr vor, ein Bett im Keller aufzustellen, wenn dort die ganze Nacht Licht gebrannt hat, weil Marie das Werkeln nicht lassen konnte.

Auch von meinem letzten Gespräch fahre ich voller Eindrücke nach Hause los. Nach wenigen Kilometern bekomme ich einen Anruf, weil ich meine Armbanduhr vergessen habe. Ich kehre noch einmal um und werde schon an der Straße erwartet. Marie D. lacht und freut sich, dass nicht nur sie vergesslich ist.

ÄHNLICHKEITEN, BESONDERHEITEN UND EIN FAZIT

Zehn unterschiedliche Personen haben mir ihre Geschichten zur Verfügung gestellt. Bei aller Unterschiedlichkeit habe ich doch Ähnlichkeiten entdeckt, Haltungen, Situationen und Verhaltensweisen, die für die Mehrzahl wichtig waren und die ich auf mein Leben übertragen kann.

Zuverlässige Beziehungen spielten bei allen eine Rolle. Mal lag der Schwerpunkt stärker auf der Familie, mal auf dem Freundeskreis oder der Gemeinde. Die Besonderheiten lagen darin, welche und wie viele Beziehungen wichtig waren. Doch jede und jeder kannte das Ausmaß der Geselligkeit, das ihr oder ihm gut tut – und gestaltet das Leben entsprechend. In den Kriegsgeschichten waren es oft die Mütter, deren zuverlässige Anwesenheit mitten im Chaos entscheidend war.

Auffällig häufig habe ich in den Geschichten auch gehört, wie sich die Gesprächspartner um andere gekümmert haben. Über Besuche bei älteren Verwandten und Freunden, Aufmunterung von Menschen in schwierigen Situationen und sogar Heirat plötzlich alleinstehender Väter habe ich eine Menge erfahren. Niemand hat diesen Einsatz bereut. Das Berufsleben hat in den Gesprächen sehr unterschiedlichen Raum eingenommen. Doch alle haben Wert darauf gelegt, möglichst lange sinnvolle Aufgaben zu haben, sich auf die eigene Weise einzubringen und mitzugestalten.

Möglicherweise haben die Gespräche mein Leben alleine dadurch verlängert, dass ich so viel lachen durfte. Wenn nicht verlängert, dann zumindest verschönert. Über sich selbst und seine Erfahrungen lachen zu können, ist eine verbreitete Stärke bei den Menschen, mit denen ich gesprochen habe. Dazu passt gut ihre hohe Wertschätzung für das Erfreuliche im Leben. Selbst bei bedrückenden Gesprächsinhalten haben sie nicht übersehen, dass es gute Aspekte gab. Die Hilfe von Freunden und Nachbarn, blühende Blumen, zufrieden seufzende Hunde oder glimpflich ausgegangene Unfälle übersehen diese lebensbejahenden Menschen nicht, sondern freuen sich über die vermeintlichen Selbstverständlichkeiten und begeistern sich für besondere Augenblicke.

Der Begriff ‚sein Auskommen haben' ist mir mehr als einmal begegnet. Sicherlich ist die Vermögenslage der Gesprächspartner unterschiedlich, aber sie scheinen alle ‚genug' zu haben. Niemand hat mir den Eindruck vermittelt, im Leben zu kurz gekommen zu sein.

Schließlich sind mir noch die große Aufgeschlossenheit und das breite Interesse vieler Gesprächspartner aufgefallen. Das drückt sich schon darin aus, sich auf ein solches Buchprojekt einzulassen. Darüber hinaus habe ich von Kunst und Musik gehört, von politischen Entwicklungen, von Ausflügen und Unternehmungen in der Umgebung, soweit das noch möglich ist.

Unterschiede gab es in den spezifischen Interessen und Situationen. Es führt zu sehr unterschiedlichen Erlebnissen, ob Menschen ihr Leben vor allem an einem Ort verbracht haben oder hunderte von Kilometern auf der Flucht waren. Auch in den Persönlichkeiten haben sich deutliche Unterschiede gezeigt. Wie sie Ängste erleben, wie sehr sie Herausforderungen suchen, wie detailreich sie erzählen und wofür sie sich besonders begeistern, darin unterscheiden sich die Menschen, mit denen ich so intensiv sprechen durfte. Ich mag diese Vielfalt, die mich daran erinnert, dass im Einzelnen jeder seinen eigenen Weg finden muss.

Die wichtigste Erkenntnis für mich ist, dass ich von jedem lernen konnte und sicherlich weiterhin die Weisheit meiner Mitmenschen anzapfen werde. Merken will ich mir vor allem die förderlichen Einstellungen und möchte mich in der Umsetzung nach meinen Situationen und meiner Persönlichkeit richten. Offenbar lohnt es sich, Beziehungen zu pflegen, anderen mit Achtung zu begegnen, in Bewegung zu bleiben und mit Neugierde und vielseitigem Interesse durch die Welt zu gehen. Das ist nicht überraschend und doch bekommt es durch die Geschichten mehr Farbe und Überzeugungskraft.

DANK

Mein größter Dank gilt meinen Gesprächspartnerinnen und -partnern für ihre Aufgeschlossenheit und ihr Vertrauen. Sie haben mir den kompletten Inhalt für dieses Buch geliefert und ich erinnere mich in zahlreichen Alltagssituationen an unsere Gespräche. Herzlich danke ich auch den jeweiligen Kindern, Freunden und Bekannten, die mir diese Menschen empfohlen haben und mir den Weg zu den Gesprächsterminen geebnet haben.

Conny Höveling und Amelie Thobaben haben mir als erste Testleserinnen einzelner Kapitel ermutigende, hilfreiche Rückmeldungen gegeben, und Bettina Röhricht hat mit viel Einsatz ihre Sprachexpertise eingebracht, die sie als professionelle Übersetzerin und erfahrene Korrekturleserin mitbringt. Danke für die wertvollen Hinweise und ermutigenden Kommentare. Meiner Lektorin Beate Fischer danke ich für ihre zuverlässige Kommunikation, die schnelle Bearbeitung des Manuskripts und ihr ermunterndes Feedback. Sie hat sichergestellt, dass in diesem Text keine Kinder auftauchen, die noch gar nicht geboren sind, und keine Männer betrauert werden, die nicht gestorben sind.